DES MÊMES AUTEURES, AUX ÉDITIONS LEDUC.S

Mon matériel Montessori, 2018
Aider son enfant à se concentrer grâce à la méthode Montessori, 2018
Donner confiance à son enfant grâce à la méthode Montessori, 2017

Conseil éditorial : Stéphanie Honoré
Maquette : Émilie Guillemin
Illustrations : Noémie d'Esclaibes
Design couverture : Bernard Amiard/Antartik
Illustration de couverture : Valérie Lancaster

Ce livre est le passage en poche revu et mis à jour de *150 activités Montessori à la maison, c'est malin* paru en 2017.

10 place des Cinq-Martyrs-du-Lycée-Buffon
75015 Paris – France
ISBN : 979-10-285-1667-3
ISSN : 2425-4355

C'EST MALIN

Sylvie d'Esclaibes et Noémie d'Esclaibes

MES ACTIVITÉS MONTESSORI

FACILES POUR LES 0-4 ANS

INÉDIT :
5 activités filmées
à l'école Montessori.
Voir p. 187

POCHE
LEDUC.S

SOMMAIRE

INTRODUCTION

Bien que Maria Montessori ait préconisé de scolariser les enfants plus tôt que les précédents pédagogues, elle crédite les parents de la totale responsabilité de l'éducation des tout-petits.

« *Les trois premières années de la vie de l'enfant sont fondamentales. Si l'on considère les transformations, les adaptations, les réalisations, la conquête du milieu..., toutes activités auxquelles l'enfant doit se livrer de 0 à 3 ans, on peut considérer que cette première période de la vie est fonctionnellement plus longue que celle qui s'*étend de 3 *ans à la mort. Les besoins de l'enfant durant cette période sont si impérieux que l'on ne peut pas les ignorer sans de graves conséquences pour l'avenir* » (Maria Montessori).

Maria Montessori est une célèbre pédagogue italienne née en 1870. À 26 ans, elle devient l'une des premières femmes médecins en Italie.

Maria Montessori est une célèbre pédagogue italienne née en 1870.

S'occupant d'abord de l'éducation d'enfants déficients, elle remarque qu'ils ont besoin d'action pour progresser et de leurs mains pour développer leur intelligence. Elle s'intéresse alors aux travaux de Seguin sur les sourds-muets et d'Itard sur l'enfant sauvage et fait fabriquer pour les enfants déficients du matériel qu'Itard et Seguin avaient élaboré. En très peu de temps, les enfants font d'énormes progrès.

Maria Montessori a donc l'idée d'utiliser ces méthodes pour l'éducation des enfants « normaux ».

En 1907, elle inaugure la première *Casa dei Bambini*, où elle prend en charge des enfants de 3 à 6 ans qui n'étaient pas scolarisés et qui étaient livrés à eux-mêmes dans les rues du quartier San Lorenzo, une banlieue très défavorisée de Rome.

Cette « Maison des enfants » devient un véritable laboratoire de recherche pédagogique où elle va élaborer la « pédagogie Montessori » d'après ses découvertes et ses observations.

En un an, plusieurs autres « Maison des enfants » sont ouvertes en Italie où Maria Montessori forme de nombreux enseignants. Elle progresse et affine sans cesse ses idées et son matériel pédagogique. Puis d'autres établissements sont créés en Europe et aux États-Unis.

En 1934, elle fuit le fascisme pour l'Espagne où éclate la guerre civile espagnole. Elle part alors vers l'Angleterre puis les Pays-Bas. Elle fait également un séjour en Inde, où elle rencontre Gandhi, Nehru et Tagore, pendant la Seconde Guerre mondiale et y crée de nombreuses écoles Montessori.

En 1952, Maria Montessori retourne en Europe, d'abord en Italie, mais elle préfère s'installer aux Pays-Bas, où elle meure à 82 ans.

Il y a aujourd'hui quelque 22 000 écoles Montessori dans le monde.

Son fils Mario a continué son œuvre et il y a aujourd'hui quelque 22 000 écoles Montessori dans le monde.

Beaucoup de célébrités ont reçu une éducation Montessori. Parmi eux :
- Larry Page et Sergey Brin, les cofondateurs de Google ;
- Jeffrey Bezos, le fondateur d'Amazon ;
- Katharine Graham, propriétaire-éditrice du *Washington Post* ;
- Gabriel García Marquéz, prix Nobel de littérature.

Pour Maria Montessori, la grande mission sociale consiste à assurer à l'enfant justice, harmonie et amour. Elle considère que l'éducation est notre seule façon de bâtir un monde nouveau et de construire la paix.

Sa première grande découverte est celle de l'importance de l'attention chez l'enfant. Elle écrit dans son livre *L'Esprit absorbant* : « *Le premier chemin que l'enfant doit trouver est celui de la concentration et la conséquence de la concentration est le développement du sens social.* »

Sa première grande découverte est celle de l'importance de l'attention chez l'enfant.

Elle comprend alors que tout doit être mis en place pour permettre le développement de la concentration chez l'enfant qui va l'aider dans tous les domaines de la vie.

Sa deuxième découverte est celle des « périodes sensibles ». Selon Maria Montessori, chaque enfant est unique, il a sa propre personnalité, son rythme de vie, ses qualités et ses difficultés éventuelles, et il traverse des périodes sensibles. Il s'agit de moments de la vie de l'enfant où celui-ci est tout entier « absorbé » par une sensibilité particulière. Ces périodes sont passagères et si, à ces instants-là, l'environnement propose de développer cette sensibilité et si l'adulte sait présenter à l'enfant, il absorbera tout avec une rare facilité et ressentira une sensation de bien-être total. Une fois la sensibilité passée, l'acquisition est beaucoup plus difficile : « *Si l'enfant n'a pu obéir aux directives de sa période sensible, l'occasion d'une conquête naturelle est perdue, perdue à jamais.* »

Sa deuxième découverte est celle des « périodes sensibles ».

Maria Montessori découvre également que les enfants ont des qualités innées, qu'ils sont des explorateurs de leur environnement à travers lequel ils expérimentent : « *Curieux de tout, capables d'une extraordinaire concentration et prêts à tout absorber comme les éponges absorbent l'eau.* » C'est ce que rappellera *L'Esprit absorbant*. Par cela, elle montre que l'enfant est en perpétuel apprentissage de tout.

Maria Montessori découvre également que les enfants ont des qualités innées.

L'adulte doit donc être capable d'observer les périodes sensibles que traverse l'enfant afin de mettre en place dans l'environnement tout le matériel qui lui permettra de se construire et d'apprendre. L'adulte doit aussi être capable de présenter comme il faut le matériel qu'il va mettre en place – et qui doit répondre à des caractéristiques très précises définies par Maria Montessori selon ses observations.

Les périodes sensibles sont :

- la période sensible du langage, entre 2 mois et 6 ans ;
- la période sensible de la coordination des mouvements, entre 12 mois et 4 ans environ ;
- la période sensible de l'ordre, de la naissance à 6 ans environ ;
- la période sensible du raffinement des sens, de la naissance à 5 ans environ ;
- la période sensible du comportement social, de 2 ans et demi à 6 ans environ.

Être conscient de l'existence de ces périodes sensibles nous permet d'aider l'enfant de différentes manières.

Il est impossible de créer une période sensible, ni de la reporter, ni de l'allonger, ni de l'annuler. On ne peut que s'y adapter et créer un environnement adapté.

Il est facile de déterminer les périodes sensibles de l'enfant. Par exemple, lorsqu'il traverse la période sensible de l'apprentissage de la lecture, qui est incluse dans celle du langage, l'enfant se met à demander sans cesse quelle est la signification de telle ou telle lettre, il peut aussi demander à composer des mots, il essaye de déchiffrer les étiquettes des emballages, les panneaux sur les routes, etc. Lorsque c'est celle des mathématiques, qui est également incluse dans celle du langage, il se met à compter sans cesse : ses petites voitures, ses pas, les pommes dans la corbeille à fruits, etc.

Attention ! Il est impossible de créer une période sensible, ni de la reporter, ni de l'allonger, ni de l'annuler. On ne peut que s'y adapter et créer un environnement adapté.

Maria Montessori définit plusieurs plans de développement de l'enfant.

Parmi eux, un premier plan de 0 à 3 ans, qu'elle appelle la « période psycho-embryonnaire » dans son livre *L'Esprit absorbant*, qui est un moment où tout se construit, tout se crée. Il est doué de l'« esprit absorbant » : « *Le petit enfant est doué de pouvoirs inconnus qui peuvent le guider vers un avenir lumineux.* »

Entre 0 et 3 ans, l'enfant est doué de l'« esprit absorbant ».

C'est une période où l'enfant va se nourrir de tout ce qui l'entoure, donc le rôle de l'adulte est de préparer l'environnement afin que l'enfant y puise tous les éléments de sa construction.

Observer l'enfant sera une tâche essentielle mais difficile. En effet, il est indispensable d'observer en oubliant ce que l'on veut voir.

L'un des grands principes de Maria Montessori pour les jeunes enfants concernait le rôle de l'adulte : faire vivre l'enfant dans un environnement fondé sur l'ordre et les limites en appliquant le précepte suivant : un adulte préparé, un environnement préparé et de la liberté avec des responsabilités.

Un adulte préparé, un environnement préparé et de la liberté avec des responsabilités.

UN ADULTE PRÉPARÉ

La première aide que l'adulte doit apporter à l'enfant est de servir de modèle par un contrôle de soi et une façon ordonnée de vivre sa vie.

Sachant que l'enfant est en pleine période sensible de l'ordre, l'adulte se doit de préparer un environnement ordonné et structuré. Il permettra ainsi à l'enfant de développer son ordre mental.

Servir de modèle par un contrôle de soi et une façon ordonnée de vivre sa vie.

UN ENVIRONNEMENT PRÉPARÉ

Cet environnement doit offrir à l'enfant l'opportunité de se concentrer sur le développement de ses capacités.

Il est indispensable de créer cet environnement, il ne se trouve pas dans la nature.

Il est indispensable de créer cet environnement, il ne se trouve pas dans la nature.

L'adulte doit adopter une attitude favorable envers l'enfant et il doit posséder les connaissances scientifiques de l'évolution de l'enfant.

L'environnement doit être préparé avec amour et contenir des objets pour des activités constructives « *L'amour sans connaissance ne mène à rien.* »

Enfin, les objets doivent être montrés dans leur usage correct.

L'enfant apprend en observant ce qui se passe autour de lui, l'éducateur est donc un modèle.

LE MATÉRIEL

Le parent qui veut mettre en place un environnement Montessori à la maison pour son enfant devra respecter certaines règles.

- **La majorité du matériel sera mise en place sur des plateaux que l'enfant pourra déplacer.** Ce matériel devra toujours être esthétique, complet et prêt pour répondre aux besoins d'apprendre de l'enfant.
- **Ce matériel sera laissé à la portée de l'enfant et rangé par catégories :**
  - vie pratique ;
  - vie sensorielle ;

- mathématiques ;
- développement du langage et début de la lecture ;
- culture : histoire, géographie et sciences.

- Il est important de réserver un espace spécial pour le matériel Montessori et de ne pas le mélanger avec les jouets de l'enfant. Si l'on ne dispose pas d'une pièce réservée à ce matériel, il faut lui attribuer une ou plusieurs étagères et trouver un système de rangement pour que les plateaux ou paniers des différentes catégories ne soient pas mélangés mais aient leur propre emplacement, qui sera déterminé et ne sera pas changé.
- Il faut ne disposer que le matériel qui aura été présenté à l'enfant par l'adulte afin que l'enfant ne se serve pas de l'activité d'une mauvaise façon et risque d'être mis en échec ou de ne pas atteindre l'objectif poursuivi.
- Si l'on a plusieurs enfants, il est important de préparer du matériel pour le niveau de développement de chacun.
- Il est important de mettre des repères sur les étagères afin que l'enfant puisse ranger le matériel au bon endroit et retrouve toujours l'activité qu'il a choisi d'effectuer.
- **Le matériel doit toujours être remis en l'état initial et rangé après utilisation.** Il est donc bien de préparer des repères pour que l'enfant puisse ranger le plateau ou le panier au bon endroit (une gommette, des photos, etc.).

- **On ne prépare pas plusieurs plateaux ou paniers avec la même activité exactement,** car l'enfant doit apprendre à attendre s'il veut faire la même activité qu'un autre enfant.

- **Les plateaux ou paniers doivent être changés régulièrement, mais pas tous les jours,** car l'enfant apprend par la répétition et a donc besoin de refaire la même activité avec le même matériel plusieurs fois. Il faut bien observer l'enfant pour voir où il en est et si le matériel lui donne toujours satisfaction.

- **Il faut faire très attention à ne pas présenter à un enfant un matériel qui est trop difficile pour lui ;** s'il échoue, il perdra sa confiance en lui et n'osera plus.

- Il faut bien observer l'enfant et, dès que l'on voit qu'il maîtrise un matériel, lui proposer la difficulté supplémentaire.

- Lorsque l'adulte prépare un matériel pour l'enfant, il ne doit comporter qu'une seule difficulté. Il est donc important de s'entraîner à faire soi-même l'activité afin de considérer les difficultés qu'il comporte.

- Le matériel doit, dans la mesure du possible, toujours comporter le contrôle de l'erreur afin que l'enfant se rende compte tout seul de ses erreurs et puisse les corriger et ainsi progresser.

Si l'on garde bien ces principes en tête **(matériel esthétique, une seule difficulté à la fois, contrôle de l'erreur)**, il est alors tout à fait possible de mettre en place du matériel Montessori à la maison sans avoir à se procurer le « vrai » matériel Montessori.

Cela permet à de nombreux enfants de bénéficier de cette pédagogie sans être scolarisés (ou en l'étant) dans une école Montessori et de pouvoir tout de même développer les principaux buts de la pédagogie Montessori à la maison :

- développement de l'autonomie ;
- développement de la concentration ;
- développement de la confiance en soi et en l'adulte ;
- développement de la motricité fine ;
- développement des sens ;
- connaissances du monde.

LA PRÉSENTATION DE L'ACTIVITÉ

L'attitude de l'adulte est très importante !

- **Il ne faut jamais freiner un enfant, ni l'empêcher d'approfondir une notion s'il le désire.** Bien sûr, s'il se focalise trop, il faut essayer de partir de cette « obsession » pour l'emmener vers une autre activité.

- **Il ne faut jamais prononcer de paroles blessantes, ne jamais s'énerver,** ne jamais soupirer, et faire très attention aux mots employés qui peuvent blesser un enfant qui n'osera alors plus entreprendre de nouvelles activités.

- **Il ne faut jamais lui dire « tu t'es trompé », « c'est faux », etc.** Il faut le laisser trouver ses solutions et ainsi développer son raisonnement et sa créativité.

Il est par ailleurs très important de choisir un moment où l'on a du temps à consacrer à son enfant et de montrer un enthousiasme pour ce que l'on fait avec lui.

Un nouveau matériel devra toujours être présenté à l'enfant en respectant les points suivants :

- inviter l'enfant à faire l'activité (« Si tu veux, aujourd'hui, je vais te présenter... ») ;
- aller avec lui vers l'étagère chercher le plateau, le panier ou le matériel ;
- poser le plateau sur une table ou sur un tapis devant l'enfant ;
- se tenir du côté dominant de l'enfant (à droite s'il est droitier ou si l'on ne sait pas, à gauche s'il est gaucher) ;
- **ne surtout pas parler pendant la présentation,** dire à l'enfant : « Regarde ce que font mes mains » ; si l'on parle, le faire à voix très basse ;
- sourire à l'enfant ;
- **faire la présentation le plus lentement possible,** au travers de nombreuses étapes, pour que l'enfant comprenne le but de l'activité ;
- il est possible de commencer la démonstration, puis de demander à l'enfant s'il veut continuer, ou de faire la présentation jusqu'au bout et ensuite lui proposer de la faire ;
- toujours remettre le matériel dans l'état initial ;
- lorsque l'enfant a terminé l'activité, il doit ranger le plateau là où il l'a trouvé ;

- à la fin de la leçon, l'adulte peut présenter à l'enfant le matériel qui est disposé sur le plateau ou dans le panier en donnant bien tout le vocabulaire approprié.

La présentation par l'adulte doit toujours être la même afin que l'enfant l'absorbe.

Une fois la présentation faite, si l'on se rend compte que l'enfant ne fait pas bien l'activité, il ne faut rien dire sur le moment, mais s'en souvenir et refaire une présentation plus tard.

En revanche, une fois que l'activité a été présentée, il faut laisser l'enfant y travailler autant qu'il le désire. Lorsqu'il commencera à la détourner, après l'avoir bien effectuée plusieurs fois, il faut la retirer et en préparer une autre à la place avec une difficulté supplémentaire.

Une fois que l'activité a été présentée, il faut laisser l'enfant y travailler autant qu'il le désire.

Si l'enfant ne souhaite pas refaire l'activité, il ne faut rien dire et la ranger. C'est qu'il n'était pas forcément prêt ou intéressé.

En revanche, si l'enfant détourne le matériel, il ne faut pas le laisser faire et lui dire gentiment : « Il n'est pas possible de faire cela avec ce plateau, on va le ranger et faire autre chose. »

L'ASTUCE EN +

Pensez à créer, dans tous les domaines, des plateaux sur lesquels seront placés des éléments qui suivent les saisons et/ou les fêtes. C'est ainsi que l'enfant découvrira le cycle de la vie, des saisons, des mois, des fêtes, et cela l'aidera à mieux trouver sa place sur la Terre.

Tout cela développera des qualités fondamentales chez l'enfant, et le rendra très heureux. Préparer les activités, les présenter à son enfant et faire ensemble procure également beaucoup de bonheur à l'adulte, qui voit ainsi son enfant avec un autre regard et découvre ses progrès toujours constants, ses talents qu'il l'aidera à développer et ses points faibles qu'il l'aidera à améliorer.

De plus, l'enfant développera une grande confiance en son parent, chez qui il reconnaîtra un adulte bienveillant toujours prêt à enrichir son environnement pour son autoconstruction et son plein épanouissement. Ainsi, les relations entre l'enfant et l'adulte se construiront de manière très harmonieuse.

Les relations entre l'enfant et l'adulte se construiront de manière très harmonieuse.

1 VIE PRATIQUE

Chapitre 1

Préparation et présentation

Dès son plus jeune âge, l'enfant est ravi d'accompagner l'adulte dans toutes les tâches de la vie quotidienne ; c'est ce que nous appellerons la « vie pratique ».

Dès qu'il a suffisamment développé sa motricité fine, il peut commencer ces activités.

Les exercices de vie pratique lui feront beaucoup travailler ses mains et l'aideront ainsi au développement global et équilibré de sa personne, le travail de la main permettant en effet également le développement de l'intelligence. Ils l'aideront par ailleurs considérablement dans le développement de la motricité fine, qui sera nécessaire, plus tard, pour la tenue du crayon. C'est la raison

> ***Les exercices de vie pratique lui feront beaucoup travailler ses mains et l'aideront ainsi au développement global et équilibré de sa personne.***

pour laquelle on montrera toujours à l'enfant le geste de prise par le pouce, l'index et le majeur (la « pince »).

Ces exercices sont essentiels pour le développement de l'autonomie (« aide-moi à faire seul »), de la concentration, de l'ordre, de la confiance en soi, du maintien de l'environnement, etc. Pour qu'un enfant soit heureux, il faut qu'il soit indépendant, et s'il est indépendant, il aura également une bonne image de lui-même.

L'enfant est en perpétuel état d'apprentissage. N'oublions pas que ce qui l'intéresse, c'est l'action, alors que pour l'adulte, c'est le résultat (l'enfant peut nettoyer un miroir propre, car ce qui l'intéresse, c'est le fait de nettoyer).

L'enfant est en perpétuel état d'apprentissage.

L'enfant veut travailler, il ne veut pas que l'on fasse les choses à sa place, il veut apprendre à être un adulte. Ces exercices sont donc fondamentaux et peuvent être proposés à tout âge, car ils lui permettent de se recentrer et d'améliorer des qualités essentielles pour ses apprentissages futurs. Évidemment, en fonction de l'âge de l'enfant, on ajoutera des difficultés supplémentaires (mais toujours une seule à la fois).

Certains exercices, notamment ceux du soin de l'environnement, sont une préparation indirecte aux mathématiques, car ils requièrent de l'enfant de toujours bien mettre son matériel dans l'ordre d'utilisation avant celle-ci. Par exemple, si l'activité est de nettoyer le miroir, voici l'ordre dans lequel il va poser le matériel sur la table ou le plateau : d'abord le produit nettoyant, puis le coton, puis le chiffon pour essuyer, puis les cotons-tiges pour faire les angles, puis un dernier chiffon pour bien tout enlever définitivement. Ainsi, l'enfant va développer son raisonnement et le fait de faire l'activité dans un sens donné.

Les activités de vie pratique doivent être cycliques, c'est-à-dire avoir un début, un milieu et une fin.

Les activités de vie pratique doivent être cycliques, c'est-à-dire avoir un début, un milieu et une fin, et il est très important qu'avant de les présenter à l'enfant, l'adulte les ait effectuées plusieurs fois afin d'être certain de leur point d'intérêt et de leur faisabilité (par exemple, dans un exercice de cuillère avec des petites graines, il faut vérifier que la cuillère permet bien d'attraper les dernières graines).

De plus, il est très important que la présentation faite par l'adulte soit fluide et semble facile.

Pour un enfant très jeune (vers 15 mois), l'activité doit être très simple et on ne passera à l'activité suivante que quand la précédente sera acquise. Par exemple, si on souhaite que l'enfant nous accompagne dans la préparation de légumes pour une soupe, il faudra d'abord qu'il maîtrise le lavage du légume, puis on pourra passer à l'épluchage (s'il est nécessaire) et enfin au découpage. L'exercice ne doit pas combiner le lavage, l'épluchage et le découpage sur le même plateau.

LA PRÉPARATION DES EXERCICES

Les exercices de vie pratique sont très agréables à préparer et l'enfant est toujours très heureux de découvrir un nouveau plateau.

- **En général, les exercices de vie pratique sont préparés sur un plateau ou dans un panier.** Le mieux est de choisir des plateaux en bois, ou blancs, ou unis, afin de ne pas détourner la concentration de l'enfant. Certains plateaux ont des anses de chaque côté et cela facilite beaucoup leur portée par un très jeune enfant.
- **On utilise du vrai matériel qui se casse et non des jouets en plastique.** Il est important de toujours choisir des contenants jolis et harmonieux pour que l'enfant développe son sens de l'esthétique et soit attiré par le plateau. Il faut également varier les contenants : du bois, de la porcelaine, etc.
- Attention au poids : l'enfant doit pouvoir porter le plateau tout seul et ne pas risquer de tout faire tomber !
- Il est souvent préférable d'installer une petite table proche de l'étagère de vie pratique pour que l'enfant n'ait pas à parcourir une trop longue distance en portant le plateau.
- **Les plateaux ou paniers seront rangés sur l'étagère du plus facile au plus difficile, de la gauche vers la droite et du haut vers le bas,** afin de préparer indirectement l'enfant au sens de la lecture et de l'écriture. Évidemment, pour les cultures où

on lit et écrit de droite à gauche, on disposera les plateaux de la gauche vers la droite.

- Il ne faut pas oublier de toujours mettre à la disposition de l'enfant de quoi remplacer ce qui a été usagé ou sali lors de l'activité afin qu'il puisse remettre le plateau en l'état. Par exemple, des petits chiffons secs, des cotons propres, etc. De même qu'il doit aussi avoir accès à un étendoir pour mettre les chiffons mouillés à sécher, une petite poubelle pour jeter ce qui est inutilisable. Le mieux est d'avoir également un accès à l'eau afin qu'il puisse remplir lui-même les pichets ou bassines et rejeter l'eau usagée. Si ce n'est pas possible, on peut lui mettre à disposition un pichet rempli d'eau propre pour remplir les contenants quand c'est nécessaire et un petit seau pour vider les eaux usagées.

LA PRÉSENTATION DES EXERCICES

- Les exercices sont présentés sur un plateau ou dans un panier qui est posé sur l'étagère dédiée à la vie pratique.
- **L'enfant travaille soit sur un tapis, soit assis à une table** (certains exercices sont plus faciles à réaliser ainsi). S'il travaille sur la table et que l'activité n'a pas de plateau, on lui fait poser un petit tapis de table et il fait son activité sur ce tapis afin de bien délimiter son espace de travail et de diminuer le bruit des objets qui frappent sur la table.

- Avant toute présentation, l'adulte propose à l'enfant : « Est-ce que tu veux que je te présente l'activité ? » Si l'enfant accepte, l'adulte l'amène à l'étagère pour prendre le plateau ou le panier relatif à cette activité.
- La présentation de l'activité se fait toujours en posant le plateau le plus près possible de l'enfant (sans bien sûr masquer la présentation avec ses mains) et, hormis les exercices consistant à verser avec un pichet, ils se font toujours de la gauche vers la droite et de haut en bas, encore une fois pour préparer au sens de la lecture et de l'écriture.
- On ne parle pas pendant la présentation de l'exercice ; on dit simplement à l'enfant : « Regarde ce que font mes mains. » Lorsque la présentation est terminée, on introduit le vocabulaire et on dit à l'enfant : « Maintenant que tu sais faire cet exercice, tu pourras le faire autant de fois que tu le souhaites. » En effet, l'enfant ne peut pas se concentrer sur nos paroles et sur nos gestes en même temps.
- **Les exercices de vie pratique sont toujours remis dans leur état initial :** soit l'enfant fait l'exercice dans les deux sens, soit on retourne le plateau. Tout dépend de la concentration de l'enfant.
- Attention à ne pas mettre trop d'éléments sur le plateau et à ce que l'activité ne devienne pas trop longue. Il est préférable d'en mettre peu au début, puis d'en ajouter. Il est indispensable que l'enfant fasse l'activité jusqu'à la fin. Par exemple, pour un

exercice consistant à verser avec une cuillère, ne mettez que peu de graines au début.

- **La présentation est individuelle.** D'autres enfants peuvent regarder, mais ne participent pas.
- Les exercices d'introduction à la vie pratique, comme dérouler et rouler le tapis, déplacer la chaise, etc., doivent être les premiers à être présentés, et parfois plusieurs fois, car c'est ainsi que l'enfant saura travailler de manière correcte.
- La façon de poser le matériel sur le plateau ou sur le tapis est extrêmement importante : l'enfant est dans sa période sensible de l'ordre et il est fondamental que tout ce qui est fait avec lui soit ordonné.
- L'adulte devra toujours présenter l'activité de la même façon, sinon l'enfant sera stressé par les différences.

LES DIFFÉRENTES SORTES D'EXERCICES

- Les exercices d'introduction, qui permettront à l'enfant de travailler d'une façon correcte.
- Les exercices pour l'habileté motrice, dont le but principal sera le développement de la motricité fine.
- Les exercices pour le soin de l'environnement, qui lui permettront de savoir entretenir l'espace dans lequel il vit.

- Les exercices pour le soin de la personne, qui lui permettront d'être autonome pour tout ce qui le concerne.
- Les exercices de grâce et de courtoisie, car c'est un âge où l'enfant est vraiment heureux de bien se comporter et c'est à cet âge qu'il prendra les bonnes habitudes.
- Les exercices de maintien, car il est en pleine période sensible du développement de sa motricité globale.

Chapitre 2

Les activités

Transvaser des grosses pâtes

Âge : 16 mois

Matériel

- 1 grand plateau
- 2 grands récipients type bols identiques
- des grosses pâtes (environ 6)

Le récipient contenant les pâtes se trouve à la gauche de l'enfant.

Présentation

1. Aller chercher le plateau sur l'étagère et dire à l'enfant : « Aujourd'hui, si tu le veux bien, je vais te présenter un Matériel de transvasement de grosses pâtes. »
2. Sans parler, prendre une pâte avec les deux mains et la déposer délicatement dans l'autre bol. Faire de même avec une deuxième, puis une troisième pâte.
3. Proposer à l'enfant de continuer.

4. Lorsque toutes les pâtes auront été transvasées, faire la même chose dans l'autre sens.
5. Conclure : « Maintenant que tu sais te servir de ce matériel, tu pourras refaire l'exercice autant de fois que tu le souhaites. »
6. Une fois que l'enfant a terminé l'activité, lui demander d'aller ranger le plateau sur l'étagère, ou l'accompagner.

Si l'enfant fait tomber une pâte, attendre de voir s'il la remet spontanément dans le bol. S'il ne le fait pas, la remettre soi-même sans parler.

Porter un plateau

Âge : 18 mois

Matériel

- 1 plateau vide avec des poignées de chaque côté (veiller à ce qu'il ne soit ni trop grand, ni trop lourd)

Présentation

1. Prendre le plateau avec les deux mains, une de chaque côté du plateau.
2. Déterminer l'endroit où on va le déposer.
3. Proposer à l'enfant de porter le plateau.

Petit à petit, on pourra aller plus loin en mettant des objets sur le plateau, puis des bols contenant de l'eau. On pourra également proposer à l'enfant de porter le plateau d'abord vide en marchant sur une ligne, puis de faire de même avec des objets sur celui-ci.

Transvaser des graines d'un verre à shot à un autre

Âge : 18 mois

Matériel

- 2 verres à shot
- des noix de cajou

Présentation

1. Prendre le plateau avec les deux mains et le porter lentement sur la table.
2. Le poser doucement et s'asseoir.
3. Montrer le verre qui contient les noix de cajou.
4. Avec le pouce, l'index et le majeur (« la pince »), prendre ce verre.
5. Le porter jusqu'à ce qu'il soit directement au-dessus du verre vide, mais qu'il le touche (en utilisant l'index de la main gauche pour le soutenir si nécessaire).
6. Basculer le verre jusqu'à ce que les noix commencent à tomber lentement.
7. Quand la dernière noix est tombée, replacer doucement le verre sur le plateau.
8. Ramasser les noix qui auraient pu tomber sur le plateau, la table ou le sol (c'est le contrôle de l'erreur).
9. Répéter l'exercice dans l'autre sens.

Proposer à l'enfant de faire l'exercice.

La sécurité avant tout, vérifiez toujours que l'enfant n'avale pas les noix !

Transvaser des balles de ping-pong avec une passoire

Âge : 18 mois

Matériel

- 1 plateau
- 2 pots identiques en bambou
- 8 balles de ping-pong
- 1 passoire à petit tamis

Le pot contenant les balles de ping-pong se trouvera à gauche, l'autre sera vide.

Présentation

1. Porter le plateau et le placer au centre de la table.
2. Prendre la passoire avec la pince de la main droite et verser délicatement, une à une, les balles de ping-pong dans l'autre pot.
3. Quand le premier pot est vide, refaire l'exercice dans l'autre sens.
4. Proposer à l'enfant de faire l'exercice lui-même.

Si l'enfant veut faire l'exercice avant que vous l'ayez terminé et qu'il le fait avec application, laissez-le faire. Il n'est pas nécessaire qu'il voie la présentation en entier avant de pouvoir faire lui-même l'exercice.

Presser une éponge

Âge : 18 mois

VIE PRATIQUE
0-2 ans
VIE SENSORIELLE
MATHÉMATIQUES
LANGAGE
CULTURE

Matériel

- 2 petites bassines
- 1 petit pichet
- 1 éponge
- 1 tapis de table (toile cirée)
- 1 torchon pour essuyer
- 1 tablier

Présentation

1. Mettre le tablier.
2. Porter la toile cirée sur la table et la dérouler doucement.
3. Porter les deux bassines sur la table et les placer l'une à côté de l'autre. Placer l'éponge au coin supérieur gauche de la toile cirée.
4. Emporter le pichet au lavabo pour le remplir.
5. Verser l'eau au centre de la bassine située à gauche.
6. Essuyer le pichet et le poser en haut à droite sur la table.
7. Placer l'éponge dans la bassine contenant l'eau, la presser doucement avec les deux mains afin de permettre à l'eau d'être mieux absorbée par l'éponge.
8. Soulever l'éponge hors de l'eau avec la main dominante et placer la main libre en dessous de l'éponge.
9. Porter rapidement l'éponge dans la seconde bassine et la placer au centre de cette bassine.
10. Presser l'éponge avec le bout des doigts des deux mains afin de faire sortir l'eau.

11. Quand le maximum d'eau est sorti, remettre les mains au centre de l'éponge et la presser.
12. La remettre dans la bassine de gauche afin de prendre l'eau.
13. Continuer jusqu'à ce que toute l'eau ait été transvasée dans la seconde bassine.
14. Refaire l'exercice dans l'autre sens.
15. Aller vider l'eau.
16. Essuyer les bassines.
17. Vérifier toute la surface autour afin qu'elle ne soit pas mouillée.
18. Reporter le matériel sur les étagères.
19. Raccrocher le tablier.
20. Après avoir montré l'exercice à l'enfant, lui proposer de le faire.

Avec un jeune enfant, vous pouvez prendre une grosse éponge et des gros pots. L'exercice se fera par terre sur une toile cirée.

Porter une chaise

Âge : 2 ans

Matériel

- 1 petite chaise à la taille de l'enfant

Présentation

1. Placer la main droite à l'arrière de la chaise, sur le dossier.
2. Placer la main gauche à l'avant de la chaise au niveau de l'assise.
3. Soulever la chaise.
4. La déplacer vers un autre endroit de la pièce.

5. La poser soigneusement sans bruit.
6. La remettre à sa place de la même façon.

Lorsqu'un enfant se lève de sa chaise, insister toujours gentiment pour qu'il la range. Cette notion d'ordre et de bonne tenue est essentielle.

Porter et dérouler un tapis

Âge : 2 ans

Matériel

- 1 tapis de 70 × 120 cm

Présentation

1. Porter le tapis verticalement en le tenant par le milieu avec les deux mains.
2. Le poser par terre et le dérouler toujours de la gauche vers la droite, en tenant une extrémité avec la main gauche et en déroulant avec la main droite.
3. Quand le tapis est déroulé, bien aplatir les extrémités avec la main droite.
4. Se mettre à l'extrémité du tapis et l'enrouler avec les deux mains.
5. Bien tasser les deux extrémités.
6. Ranger le tapis à sa place en le tenant toujours verticalement avec les deux mains au milieu.

On pourra proposer d'autres exercices avec le tapis.

POUR ALLER PLUS LOIN...

› Montrer à l'enfant comment marcher autour du tapis. Insister sur le fait de marcher lentement et attentivement en évitant bien les côtés du tapis.

› Marcher le plus près possible du tapis.

› Marcher autour du tapis en portant des objets.

Transvaser des graines avec une cuillère

Âge : 2 ans

Matériel

- 1 plateau
- 2 petits pots identiques
- 1 cuillère
- des haricots

Le pot contenant les haricots se trouvera à gauche, l'autre à droite sera vide.

Présentation

1. Porter le plateau et le placer au centre de la table.
2. Prendre la cuillère avec la main droite et la pince et mettre les haricots dans le second pot.
3. Quand le premier pot est vide, refaire l'exercice dans l'autre sens.
4. Proposer à l'enfant de faire l'exercice lui-même.

Vous pouvez de temps en temps changer le contenu : des pâtes, du riz, des lentilles, de la semoule, etc. De même, vous pouvez mettre une cuillère différente. Variez les sensations pour susciter la curiosité de l'enfant.

Transvaser des graines d'un pichet à un autre

Âge : 2 ans

Matériel

- 2 petits pichets identiques pas trop lourds
- 1 plateau
- des haricots

Présentation

1. Prendre le plateau avec les deux mains et le porter lentement sur la table.
1. Le poser doucement et s'asseoir.
2. Montrer le pichet qui contient les haricots et montrer le bec verseur par lequel les haricots vont couler (ce pichet doit être à droite).
3. Avec la pince, prendre le pichet qui contient les haricots.
4. Le porter jusqu'à ce que son bec verseur soit directement au-dessus du pichet vide, mais sans qu'il le touche (en utilisant l'index de la main gauche pour le soutenir).
5. Soulever le pichet jusqu'à ce que les haricots commencent à tomber lentement au centre du pichet vide.
6. Quand le dernier haricot est tombé, replacer doucement le pichet sur le plateau.
7. Ramasser les haricots qui auraient pu tomber sur le plateau, la table ou le sol (c'est le contrôle de l'erreur).
8. Répéter l'exercice dans l'autre sens.
9. Proposer à l'enfant de faire l'exercice.

Utiliser des formes précollées

Âge : 2 ans

Matériel

- 1 plateau
- 1 boîte contenant des formes précollées
- 1 boîte contenant des feuilles de dimension 14 × 14 cm sur lesquelles on aura dessiné les traits des formes à coller
- 2 petites éponges (une légèrement humide et une sèche), chacune dans une petite coupelle

Présentation

1. Aller chercher le plateau et le placer devant l'enfant.
2. Sortir les objets dans leur ordre d'utilisation de gauche à droite.
3. Prendre une feuille et la placer devant soi.
4. Prendre dans la boîte la forme correspondant au tracé le plus en haut à gauche.
5. Mettre la forme précollée sur la petite éponge humide.
6. Placer la forme à l'intérieur du trait.
7. Appuyer avec la petite éponge sèche.
8. Inviter l'enfant à continuer.
9. Lorsque l'activité est finie, lui demander de ranger le plateau sur l'étagère.

Manipuler des pinces à linge

Âge : 2 ans

Matériel

- 1 petit panier
- 8 pinces à linge (vérifier que l'enfant peut les manipuler facilement)

Présentation

1. Porter le panier sur la table.
2. Placer le panier au centre de la table.
3. Saisir le bout d'une pince à linge entre le pouce et l'index de la main droite et effectuer une pression jusqu'à ce que les deux extrémités se touchent sous les doigts.
4. Tenir la pince à linge perpendiculairement au rebord du panier, doucement la descendre jusqu'au bord et relâcher la pression.
5. Faire la même chose avec le reste des pinces à linge.
6. Remettre les pinces à linge dans le panier suivant le même procédé.
7. Remettre le matériel sur l'étagère.

Attraper des coquilles d'escargots

Âge : 2 ans

Matériel

- 1 plateau contenant une pince à escargots
- 1 petit panier contenant 6 coquilles d'escargots
- 1 petit plat à escargots avec 6 alvéoles

Présentation

1. Apporter le plateau sur la table.
2. Montrer la « pince ».
3. Prendre délicatement la pince à escargots dont le manche se trouvera sur la droite.
4. Attraper une coquille dans le panier qui se trouve à gauche sur le plateau et la placer dans l'alvéole la plus en haut à gauche.
5. En prendre une deuxième et la placer en haut à droite.
6. Inviter l'enfant à poursuivre.
7. Quand toutes les alvéoles sont remplies, remettre deux coquilles (une par une) dans le petit panier en commençant par celles qui ont été mises en premier dans le plat.
8. Inviter l'enfant à terminer.
9. Remettre le plateau sur l'étagère.

Mettre la table

Âge : 2 ans

Matériel

- 1 plateau comprenant 1 assiette, 1 fourchette, 1 couteau, 1 verre, 1 petite cuillère, 1 serviette, 1 set de table
- 1 set en tissu sur lequel est tracé l'emplacement de chaque élément (set autocorrectif)

Présentation

1. Apporter le plateau sur la table.
2. Placer le set de table.
3. Poser le set autocorrectif sur le set de table.

4. Tracer avec le doigt la forme des objets représentés sur le set de table.
5. Placer les objets dans l'ordre suivant : assiette, verre, couverts.
6. Ranger tous les éléments dans le sens inverse dans le plateau.
7. Proposer à l'enfant de faire l'activité.

Une fois que l'enfant se sera bien entraîné, il pourra essayer de mettre la table sans regarder le set autocorrectif. Il s'en servira pour se corriger tout seul lorsqu'il aura fini de tout installer.

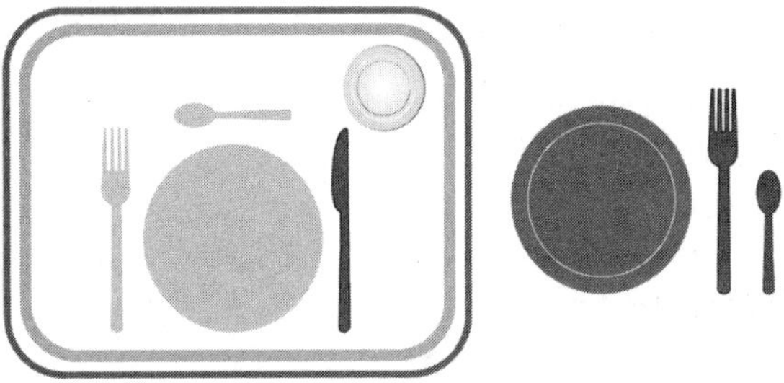

Set de table autocorrectif

Exercices de grâce et de courtoisie

Âge : 2 ans

Pour la confiance en soi de l'enfant, la bonne estime de lui-même et une attitude bienveillante envers les autres, il est essentiel de lui proposer des exercices de grâce et de courtoisie. Nous entendons par cela apprendre à mettre la main devant sa bouche lorsque l'on tousse ou que l'on bâille, apprendre à se moucher, à dire bonjour, à dire merci, à bien se tenir à l'extérieur, frapper avant d'entrer dans une pièce, etc.

On consacrera un temps particulier à l'enseignement de ces comportements avec des mises en situation. On ne dira pas à l'enfant : « Dis bonjour à la dame » ou « Dis merci ». En lui proposant un temps spécifique pour apprendre les bonnes attitudes à avoir, cela viendra spontanément, car l'enfant en aura compris l'intérêt.

Transvaser un liquide d'un pot à un autre

Âge : 2 ans ½

Matériel

- 1 plateau
- 2 pichets identiques (l'un contenant de l'eau)
- 1 éponge

Présentation

1. Montrer à l'enfant comment tenir le pichet avec la main dominante (« la pince » : pouce, index, majeur) ; l'index de l'autre main est sous le bec verseur et on contrôle la vitesse de versement.
2. Verser doucement l'eau dans l'autre pichet, en la regardant tomber, sans que les pichets ne se touchent.
3. La verser jusqu'à ce que le pichet soit vide.
4. Utiliser l'éponge pour essuyer la goutte d'eau sur le pichet ou l'eau qui pourrait être tombée sur le plateau.
5. Refaire l'exercice dans l'autre sens.

6. Utiliser l'éponge pour essuyer le pichet et le plateau.
7. On montre l'activité et ensuite on propose à l'enfant de la faire.
8. Remettre le plateau sur l'étagère.

Les enfants apprécient beaucoup le matériel avec l'eau. Ne proposez pas cette activité tant qu'il ne maîtrise pas les versés de substances sèches ainsi que l'exercice « presser l'éponge ».

Ouvrir un cadenas

Âge : 2 ans ½

Matériel

- 1 plateau
- 1 petit panier contenant 4 cadenas de tailles différentes
- 1 petit panier contenant les 4 clés permettant de les ouvrir (vérifier qu'une clé ne peut pas ouvrir plusieurs cadenas)
- 1 petit tapis

Présentation

1. Porter le plateau sur la table et le placer en haut à gauche du petit tapis.
2. Prendre un cadenas et le placer au centre du tapis.
3. En utilisant le pouce, l'index et le majeur de l'autre main, la main qui ne tient pas le cadenas, puisqu'elle est déjà occupée, prendre une clé et essayer de la placer.
4. Si elle ne fonctionne pas, en prendre une autre.

5. Lorsque l'on aura trouvé la bonne clé (c'est bien de montrer à l'enfant que l'on ne la trouve pas du premier coup), ouvrir le cadenas.
6. Placer le cadenas en position ouverte en haut à gauche du tapis et la clé à droite du tapis (pas en face du cadenas).
7. Faire de même avec un autre cadenas que l'on placera sous le précédent et la clé correspondante sur la même colonne que la précédente.
8. Demander à l'enfant de continuer.
9. Lorsque tous les cadenas auront été ouverts, les fermer un à un et les remettre dans le panier.
10. Proposer à l'enfant de continuer. Tout est ainsi rangé dans le panier, mais pas remis sur l'étagère.
11. Remettre le plateau sur l'étagère.

Exercices sur la ligne

Âge : 2 ans ½

Matériel

- 1 cercle peint ou dessiné sur le sol d'une largeur d'au moins 10 cm pour permettre à l'enfant de placer ses pieds confortablement sur la ligne
- 1 drapeau
- 1 panier
- des petits cubes
- 1 clochette
- 1 poids attaché à une corde
- 1 verre rempli d'eau

Présentation 1

C'est une présentation de groupe.

1. L'adulte demande aux enfants de se tenir debout sur la ligne.
2. Il les espace à distance égale et leur montre comment marcher sur la ligne en posant l'intégralité du pied sur celle-ci.
3. Il les encourage à marcher doucement et à faire des pas de plus en plus petits jusqu'à ce que leur talon touche leurs orteils. Cela demande de l'équilibre.

Présentation 2

Graduellement, au cours de l'année, l'adulte va montrer différents exercices aux enfants pour continuer à éveiller leur intérêt et les encourager à marcher correctement. Pour tous ces exercices, l'enfant marche en collant son talon à ses orteils.

1. Si un enfant choisit de porter un drapeau, il devra le porter bien haut. Cela l'aide à marcher avec sa tête relevée, sans regarder ses pieds.
2. Porter un panier sur sa tête sans utiliser ses mains.
3. Porter les plus petits cubes de la tour rose dans la paume de sa main dominante sans en faire tomber.
4. Porter une clochette, sans qu'elle fasse de bruit.
5. Tenir un poids dans sa main accroché à une corde sans que celui-ci balance.
6. Porter un verre à vin rempli d'eau colorée à ras bord sans en renverser.

Pince avec tri

Âge : 2 ans ½

Matériel

- 1 plateau
- 1 pince à chiqueter
- 1 petit bol transparent contenant 3 pompons jaunes, 3 pompons bleus
- 1 petit pot jaune
- 1 petit pot bleu

Présentation

1. Apporter le plateau sur la table.
2. Montrer la « pince ».
3. Prendre délicatement la pince à chiqueter dont le manche se trouvera sur la droite.
4. Attraper un pompon jaune dans le bol qui se trouve à gauche sur le plateau et le placer dans le pot de la même couleur.
5. Attraper un pompon bleu et le placer dans l'autre pot.
6. Inviter l'enfant à poursuivre.
7. Quand le bol est vide, prendre 2 pompons un à un et les remettre dans le bol.
8. Inviter l'enfant à terminer.
9. Remettre le plateau sur l'étagère.

Beaucoup de variantes sont possibles : faire trier en fonction d'un nombre plus important de couleurs, mettre seulement des pots blancs de sorte que l'enfant en déduira par lui-même qu'il doit trier en fonction de la couleur, faire trier en fonction de la taille seulement, ou alors de la forme seulement, etc.

Transférer avec un compte-gouttes

Âge : 2 ans ½

Matériel

- 1 plateau
- 1 compte-gouttes
- 1 éponge
- 2 petits verres identiques

Présentation

1. Prendre le compte-gouttes avec la « pince ».
2. Presser le compte-gouttes pour aspirer de l'eau contenue dans le premier verre.
3. La transvaser dans le second verre, toujours de la gauche vers la droite.
4. Continuer ou proposer à l'enfant de continuer.
5. Refaire l'exercice dans l'autre sens.
6. Essuyer l'eau tombée sur le plateau avec l'éponge.
7. Remettre le plateau à sa place.

Visser et dévisser des bouchons de bouteille

Âge : 2 ans ½

Matériel

- 1 plateau
- 1 panier garni de pots avec des bouchons vissés (les goulots doivent avoir des tailles différentes)
- 1 petit tapis

Présentation

1. Dérouler le petit tapis.
2. Placer le panier en haut à gauche du tapis.
3. Montrer la « pince ».
4. Dévisser un pot de la main dominante en se plaçant au centre du tapis. La main non dominante tient le pot posé sur la table, tandis que l'autre dévisse.
5. Déposer le pot en haut à gauche du tapis et le bouchon à droite, mais pas en face.
6. Les poser en deux colonnes : les pots du côté gauche et les bouchons du côté droit.
7. Quand tout est dévissé, prendre un pot de la main non dominante, le poser fixement au milieu du tapis, prendre le bouchon qui lui convient et le visser avec la main dominante.
8. Ranger le pot avec son bouchon dans le panier.
9. Prendre un autre pot et recommencer, puis inviter l'enfant à continuer.

Ouvrir et fermer des boîtes

Âge : 2 ans ½

Matériel

- 1 panier
- 6 boîtes de tailles différentes
- 1 petit tapis de table

VIE PRATIQUE 2-4 ans | VIE SENSORIELLE | MATHÉMATIQUES | LANGAGE | CULTURE

Présentation

1. Aller chercher le panier sur l'étagère et le poser en haut à gauche du tapis.
2. Prendre une boîte et la placer au milieu du tapis.
3. Retirer le couvercle de la main dominante.
4. Placer la base en haut à gauche et le couvercle à droite (pas en face).
5. Faire de même avec une deuxième boîte. La base sera placée juste en dessous de la précédente et le couvercle sur la même colonne que le précédent, mais pas en face de la base correspondante.
6. Inviter l'enfant à poursuivre.
7. Lorsque toutes les boîtes sont ainsi disposées, prendre la base tout en haut à gauche, la placer au centre du tapis.
8. Chercher le couvercle correspondant (on pourra ne pas y arriver du premier coup !).
9. Lorsque l'on a trouvé le bon couvercle, le remettre sur la base et ranger la boîte dans le panier.
10. Demander à l'enfant de terminer.

Visser et dévisser des écrous et des vis

Âge : 2 ans ½

Matériel

- 1 petite corbeille
- plusieurs écrous et vis de différentes tailles (au moins 5)
- 1 tapis en feutrine

Assurez-vous qu'un même écrou ne va pas sur plusieurs vis.

Présentation

1. Porter la corbeille d'écrous et de vis sur la table.
2. La placer en haut à gauche de la table.
3. Déplier le tapis.
4. Prendre un écrou dans la main gauche.
5. En utilisant la « pince » de la main droite, dévisser l'écrou.
6. Placer la vis sur le côté droit du tapis.
7. Placer l'écrou sur le côté gauche du tapis.
8. Continuer ainsi avec tous les écrous et les vis.
9. Choisir un écrou et trouver la vis correspondante.
10. Visser l'écrou sur la vis en tournant seulement l'écrou et replacer la paire dans le panier.
11. Continuer ainsi jusqu'au bout.
12. Replier le tapis.
13. Rapporter le panier sur l'étagère.

Mettre un manteau sur un cintre

Âge : 2 ans ½

Matériel

- 1 manteau
- 1 cintre
- 1 portemanteau

Faire en sorte que tout se trouve à hauteur de l'enfant.

Présentation

1. Mettre le manteau au sol.
2. Montrer le cintre à l'enfant en le tenant dans le bon sens.
3. Le placer à l'intérieur du manteau, dans la manche gauche puis dans la droite.
4. Attacher le vêtement (voir les cadres d'habillage).
5. Accrocher le cintre sur le portemanteau.

Découper du papier

Âge : 3 ans

Matériel

- 1 plateau
- 1 paire de ciseaux
- 1 contenant avec des bandes de papier marquées comme l'illustration ci-dessous
- des petites enveloppes

Présentation

1. Porter le plateau sur la table et le placer devant l'enfant.
2. Prendre délicatement les ciseaux et montrer comment les tenir.
3. Sortir une bande de papier et couper sur la ligne la plus à gauche.
4. Faire de même avec une autre ligne.
5. Inviter l'enfant à continuer.
6. Une fois la bande entièrement découpée, mettre tous les morceaux de papier dans l'enveloppe.

7. Lorsque l'activité est terminée, demander à l'enfant de la ranger sur l'étagère.

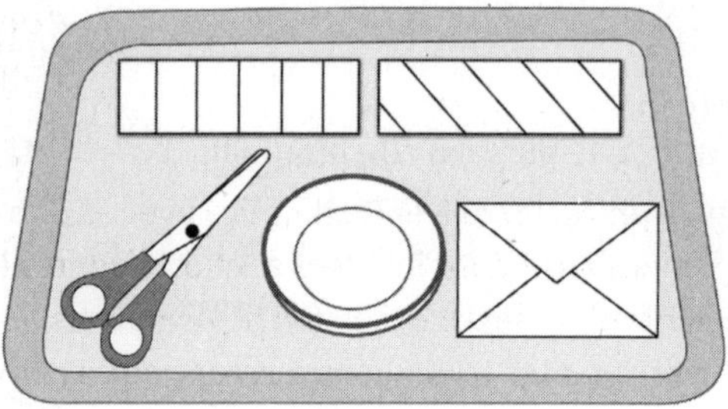

Enfiler des perles

Âge : 3 ans

Matériel

- 1 plateau
- 1 cordon noué en un bout
- des perles

Présentation

1. Porter le plateau sur la table et le placer devant l'enfant.
2. Prendre le cordon à l'opposé du nœud.
3. Avec la « pince » de la main dominante, prendre une perle.
4. L'enfiler le long du cordon.
5. Faire pareil avec une deuxième perle.
6. Inviter l'enfant à continuer.

Pour les enfants plus jeunes, il existe des tiges en bois sur lesquelles une boule en bois est fixe et l'enfant doit enfiler d'autres grosses boules dessus.

Visser et dévisser avec des tournevis

Âge : 3 ans

Matériel

- 1 plateau
- 1 petite planche de bois sur laquelle on aura placé entre 3 et 5 chevilles avec les vis correspondantes et dont les têtes sont différentes (afin que l'enfant se serve d'un tournevis par vis)
- 1 panier avec les tournevis correspondant aux vis (autant de tournevis que de vis)
- 1 petit panier

Présentation

1. Porter le plateau sur la table.
2. Prendre un tournevis.
3. L'essayer sur plusieurs vis.
4. Lorsqu'on trouve la bonne, la dévisser.
5. La placer dans le petit panier.
6. Demander à l'enfant s'il veut continuer.
7. Quand toutes les vis sont dévissées, en revisser une.
8. Demander à l'enfant de terminer.
9. Replacer le plateau sur l'étagère.

Apprendre à coller

Âge : 3 ans

Matériel

- 1 plateau
- des feuilles de 14 × 14 cm sur lesquelles on aura placé quelques petits points (indication pour l'enfant des

endroits où coller les formes ; ensuite attention à bien les espacer)
- 1 petit tube de colle
- 1 petit pot dans lequel on aura placé de jolies formes prédécoupées
- 1 petite éponge sèche

Présentation

1. Porter le plateau sur la table et le placer devant l'enfant.
2. Prendre une feuille et montrer avec l'index, sans parler, les petits points.
3. Choisir une forme.
4. Ouvrir le tube de colle et en mettre un peu sur la forme.
5. Positionner la forme sur l'un des points.
6. Tamponner avec l'éponge sèche.
7. Refermer la colle.
8. Demander à l'enfant s'il veut continuer.
9. Une fois l'activité terminée, aller la ranger.

Assurez-vous, avant de proposer cet exercice, que votre enfant est en mesure d'ouvrir et refermer le tube de colle tout seul.

Se servir du fouet culinaire

Âge : 3 ans

Matériel

- 1 plateau
- 1 pichet
- 1 grand bol

- un peu de savon liquide dans une bouteille qui ferme
- 1 compte-gouttes
- 1 fouet culinaire
- 1 grosse éponge
- 1 petite serviette

Présentation

1. Aller chercher le plateau et le placer devant l'enfant.
2. Sortir les objets dans leur ordre d'utilisation, de gauche à droite.
3. Demander à l'enfant d'aller mettre un peu d'eau dans le pichet.
4. L'inviter à verser l'eau dans le grand bol.
5. Dévisser la petite bouteille de savon.
6. Attraper le compte-gouttes avec la « pince » et prendre du savon.
7. Verser doucement 3 gouttes dans le grand bol.
8. Prendre le fouet culinaire entre ses deux paumes et les frotter ensemble jusqu'à apparition de la mousse.
9. Inviter l'enfant à faire de même.
10. Quand l'activité est terminée, demander à l'enfant d'aller vider l'eau du bol.
11. L'essuyer avec l'éponge et la petite serviette.
12. Aller mettre la petite serviette à sécher et en remettre une sèche sur le plateau.
13. Reposer le plateau sur l'étagère.

Balayer

Âge : 3 ans

Matériel

- 1 plateau
- 1 petit pot avec des petits morceaux de papier découpés
- 1 petit pot avec une craie blanche s'il y a possibilité de tracer sur le sol (sinon, prévoir un cadre plat évidé et de forme carrée)
- 1 balai à la taille de l'enfant
- 1 pelle et 1 balayette

Présentation

1. Déposer le carré à un endroit précis sur le sol ou, avec la craie, dessiner au sol un carré dont chaque côté sera de la même taille que la pelle.
2. Disposer les morceaux de papier autour du carré.
3. À l'aide du balai, ramener les morceaux de papier à l'intérieur du carré.
4. Avec la pelle et la balayette, ramasser les morceaux de papier et les mettre dans le pot initial en plaçant la pelle sur chaque côté du carré tracé au sol.
5. Inviter l'enfant à reproduire l'activité.

Cadre plat pour l'activité « balayer »

Passer le plumeau

Âge : 3 ans

Matériel

- 1 plumeau

Présentation

1. Définir un endroit à épousseter.
2. S'il s'agit d'une étagère, par exemple, sur laquelle se trouvent des objets, tous les enlever.
3. Passer le plumeau de la gauche vers la droite et du haut vers le bas.
4. Au-dessus de la poubelle, prendre le plumeau tête en bas entre les deux paumes et y faire tomber la poussière.
5. Remettre les éléments enlevés.
6. Inviter l'enfant à faire l'activité.

Le plumeau devra toujours se trouver au même endroit, accessible pour l'enfant, afin qu'il le trouve facilement dès qu'il veut s'en servir.

Se laver les mains

Âge : 3 ans

Matériel

Faire cette activité à un lavabo à la hauteur de l'enfant, sinon, prévoir dans un petit meuble prévu à cet effet, ou sur une table :

- 1 bassine
- 1 plateau

- 1 pichet
- 1 petite éponge
- du savon dans une petite coupelle
- 1 serviette
- 1 seau
- 1 brosse à ongles (possibilité d'ajouter une lime et un tube de crème pour les mains)
- 1 toile cirée

Présentation

1. Placer la toile cirée sur la table et sortir les éléments dans leur ordre d'utilisation.
2. Montrer à l'enfant où il peut trouver de l'eau tiède à mettre dans le pichet. Si aucun lavabo n'est accessible à l'enfant, mettre soi-même l'eau.
3. Verser l'eau dans la bassine et essuyer les gouttes avec l'éponge.
4. Remonter ses manches.
5. Mettre les mains dans l'eau.
6. Prendre le savon et faire mousser ses mains.
7. Nettoyer méthodiquement chaque doigt un à un (pouce, puis index, puis majeur, puis annulaire et enfin auriculaire).
8. Bien frotter la paume et le dos de la main.
9. Rincer ses mains.
10. Prendre la brosse à ongles.
11. La frotter légèrement sur le savon et, comme pour le lavage des doigts, laver les ongles dans le bon ordre.
12. Rincer les ongles.
13. Se servir de la lime si nécessaire.
14. Prendre la petite serviette et se sécher les mains.

15. Bien sécher chaque doigt un à un comme à l'étape 6.
16. Vider l'eau de la bassine dans le seau.
17. Aller mettre la serviette à sécher.
18. Se passer de la crème sur les mains.
19. Ranger les éléments sur le plateau.

Cadres d'habillage

Âge : 3 ans

Le but des cadres d'habillage est de permettre à l'enfant de s'habiller ou de se servir de ses fermetures en toute autonomie. On placera ainsi deux morceaux de tissu sur des cadres en bois avec les fermetures que l'on souhaite enseigner à l'enfant, ou celles dont il veut apprendre à se servir.

Idéalement, on les présentera de la plus simple à la plus compliquée. Il est néanmoins tout à fait possible de ne pas les présenter dans l'ordre, mais de proposer à l'enfant celles dont il a besoin d'apprendre à se servir (ex. : s'il a un manteau à boutons, on pourra les enseigner avant les fermetures Éclair).

Ci-dessous la liste des cadres que vous pouvez fabriquer pour vos enfants :

- scratch ;
- boutons-pressions ;
- fermeture Éclair ;
- grands boutons ;
- petits boutons ;
- boucles (type ceinture) ;
- lacets ;
- épingles à nourrice.

Si vous n'avez pas la possibilité de les fabriquer, présentez-les à votre enfant directement sur ses vêtements.

Voici la présentation pour le cadre d'habillage scratch. Vous pourrez suivre le même principe pour les autres en faisant le plus d'étapes possible.

1. Tenir le tissu avec la main non dominante et, avec la « pince » de la main dominante, tirer doucement sur le scratch pour le détacher.
2. Sortir le scratch de son attache.
3. Ouvrir bien grand les deux morceaux de tissu et mettre sa main au milieu du cadre à l'endroit où il n'y a plus de tissu.
4. Remettre les morceaux de tissu en place en commençant par celui de gauche.
5. Mettre le scratch dans son attache.
6. Appuyer sur le scratch pour qu'il accroche bien.
7. Inviter l'enfant à refaire l'activité.

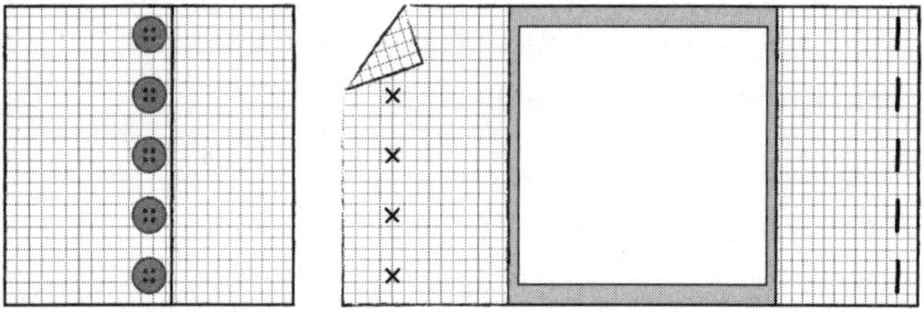

Cadre d'habillage « grands boutons »

Transvaser un liquide d'un pot à un autre marqué

Âge : 3 ans

Matériel

- 1 plateau
- 1 pichet avec de l'eau colorée à l'aide d'un colorant alimentaire
- 1 verre avec une ligne marquée dessus au feutre indélébile
- 1 petite éponge

Présentation

1. Aller chercher le plateau sur l'étagère et le poser devant l'enfant.
2. Montrer avec l'index et le majeur, sans parler, la ligne qui se trouve sur le verre.
3. Montrer à l'enfant comment tenir le pichet avec la « pince » de la main dominante en mettant l'index de l'autre main sous le bec verseur et en contrôlant la vitesse de versement.
4. Verser doucement l'eau dans le verre, sans que le pichet ne touche le verre.
5. La verser jusqu'à atteindre la petite ligne.
6. Regarder le travail accompli.
7. Utiliser l'éponge pour essuyer la goutte d'eau sur le pichet ou l'eau qui pourrait être tombée sur le plateau.
8. Reverser l'eau du verre dans le pichet ou dans un seau à part.
9. Inviter l'enfant à faire l'activité et à la ranger sur l'étagère lorsqu'il aura terminé.

Ouvrir et fermer des boîtes qui s'encastrent avec des objets à découvrir

Âge : 3 ans

Matériel

- 1 plateau
- des boîtes qui s'encastrent (dans la dernière, placer une « surprise »)
- 1 tapis de table

Présentation

1. Apporter le plateau sur la table et le placer en haut à gauche du tapis.
2. Prendre les boîtes et les placer au centre du tapis.
3. Avec la main non dominante, tenir la base de la boîte.
4. Avec la main dominante, se servir de la « pince » pour défaire le système d'attache.
5. Placer la boîte que l'on vient d'ouvrir en haut à gauche.
6. Faire de même avec la deuxième boîte plus petite et la placer à droite de la précédente.
7. Inviter l'enfant à poursuivre jusqu'à ce qu'il trouve la surprise.
8. Montrer comment remettre les boîtes dans leur état initial et inviter l'enfant à terminer.

Manipuler des pinces à linge de couleurs différentes

Âge : 3 ans

Pour le matériel et la présentation, référez-vous à l'activité des pinces à linge unies (p. 39).

Voici des variantes très intéressantes à proposer à l'enfant avec des pinces à linge de couleurs différentes :

1. Mettre en paires des pinces à linge colorées en fonction de leur couleur tout autour du panier.
2. Faire des séries avec des pinces à linge de couleurs différentes, par exemple : 1 bleue, 1 jaune, 1 rose, et l'enfant doit refaire la série, ou 2 bleues, 2 jaunes, 2 roses, et l'enfant doit faire la même chose. C'est une excellente préparation aux exercices de mathématiques où l'enfant doit reproduire des séries.
3. Afin de développer sa créativité, lui préparer un panier avec des pinces à linge de couleurs différentes et les lui laisser à disposition sans consigne pour qu'il réalise ce qu'il désire.

2 VIE SENSORIELLE

Chapitre 3

Préparation et présentation

La pédagogie Montessori met l'accent sur l'éducation des cinq sens de l'enfant : par la manipulation du matériel pédagogique adapté, l'enfant va apprendre progressivement à reconnaître les couleurs, les volumes, les formes, les poids, les odeurs, les bruits, etc.

L'enfant découvre le monde qui l'entoure grâce à ses sens : plus ils auront été affinés, meilleure sera sa perception du monde dans lequel il vit. L'éducation sensorielle est difficile chez l'adulte, il est donc essentiel de la commencer pendant la période de formation, si nous voulons par la suite perfectionner encore les sens.

L'enfant découvre le monde qui l'entoure grâce à ses sens.

Maria Montessori a élaboré un matériel sensoriel permettant à l'enfant d'aiguiser ses sens en :

- distinguant les perceptions (par comparaison) ;

- précisant les classements, en ordonnant ;
- généralisant, conceptualisant.

À travers la manipulation, la vision de la réalité devient plus exacte. L'enfant se repère de façon plus précise : Maria Montessori disait qu'il devenait un observateur plus conscient. Par ses manipulations, il perçoit également mieux les détails.

On peut aider au développement des sens en graduant et en adaptant les stimulants par la mise en place de tout un matériel dans l'environnement de l'enfant.

En outre, le développement des sens permet de découvrir d'éventuels défauts, souvent découverts très tard et alors beaucoup plus difficiles à corriger, des défauts auditifs, visuels, etc.

Voici ce que disait Maria Montessori : « En multipliant les sensations et en développant la capacité à apprécier les plus infimes différences, on affine la sensibilité. La beauté résidant dans l'*harmonie, il faut une finesse sensorielle pour la percevoir. Les harmonies esthétiques de la nature et de l'art échappent à ceux dont les sens sont grossiers. Le monde en est réduit et âpre. Il existe dans notre milieu quantité de sources de joie esthétiques devant lesquelles les hommes passent comme des insensés ou comme des bêtes, cherchant la jouissance dans les sensations fortes, parce que ce sont les seules qui leur soient accessibles.*

L'habitude du vice naît souvent dans les jouissances grossières : en effet, les forts stimulants n'aiguisent pas la sensibilité, mais atténuent le sens qui en a besoin toujours de plus violents. »

Le matériel sensoriel permet également de répondre à la période sensible de l'ordre, puisque l'enfant ordonnera souvent les choses et développera sa concentration.

Il permet par ailleurs le développement du vocabulaire, notamment des comparatifs et superlatifs. Par exemple : plus lisse, plus rugueux, plus clair, plus foncé.

> ***Le développement des sens va considérablement aider l'enfant dans l'apprentissage de la lecture.***

Le développement des sens va enfin considérablement aider l'enfant dans l'apprentissage de la lecture : en effet, pour lire, il doit bien entendre les sons, et un enfant qui aura l'ouïe bien affinée percevra aisément des sons qui peuvent paraître proches, comme le « m » et le « n ». De même, s'il a développé sa mémoire auditive, il se souviendra facilement de tous les sons d'une langue.

Et s'il a la vue bien affinée, des lettres qui pourraient se ressembler lui paraîtront très différentes et il les retiendra plus aisément.

LA PRÉPARATION DU MATÉRIEL

Le matériel sensoriel doit être préparé de manière à isoler une qualité unique et à ne faire travailler qu'un seul sens. En effet, plus on isole le sens, mieux il s'affinera.

C'est la raison pour laquelle, si on présente à l'enfant un matériel pour le développement de l'ouïe par exemple, il est très important que les contenants soient tous identiques afin que l'enfant n'associe pas la différence de sons à la couleur ou à la forme.

De même, si l'on travaille sur le toucher, il est préférable de proposer à l'enfant de porter un bandeau afin que le toucher ne soit pas influencé par la vue. Ainsi, dans le cadre d'une mise en paires de tissus, si l'enfant les voit, il ne fera pas la mise en paires par le toucher mais par la vue.

Par ailleurs, si l'enfant ne veut pas mettre de bandeau, on peut cacher les éléments sous un foulard ou une serviette et faire passer les mains de l'enfant en dessous.

Souvent, il s'agit de mises en paires, puis de reconnaître la qualité identique ; ensuite, on isole un élément de chaque paire et on demande à l'enfant de faire une graduation. De cette façon, il perçoit les similitudes et les différences.

Il est nécessaire de préparer de nombreux plateaux qui permettront à l'enfant de faire des tris souvent visuels, et il est très important de faire varier les éléments selon un critère unique. Par exemple, si l'on choisit un tri selon la couleur, les formes doivent être identiques. En revanche, si l'on choisit un tri selon la forme, les éléments doivent tous avoir la même couleur.

On limite aussi le nombre d'éléments dans les tris pour que l'enfant puisse faire l'activité entièrement ; on ajoutera petit à petit des éléments supplémentaires.

Le matériel doit toujours être esthétique pour que l'enfant développe ce sens et qu'il ait envie de faire l'activité.

Il doit aussi comporter le contrôle de l'erreur pour qu'il puisse se corriger tout seul.

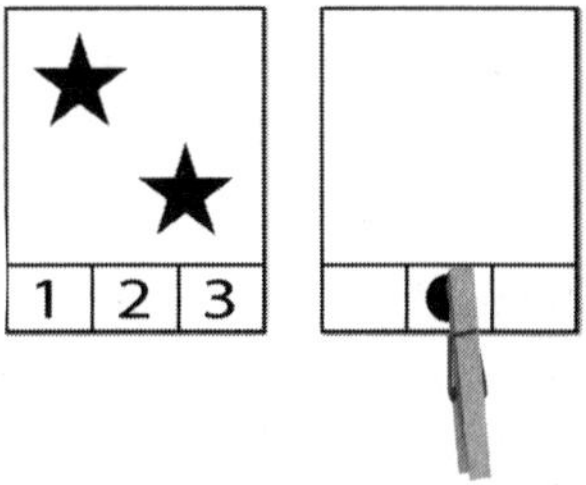

Contrôle de l'erreur avec pince à linge

Il est important de regrouper tous les exercices de vie sensorielle sur la même étagère, organisés par sens et toujours rangés du plus facile au plus difficile de la gauche vers la droite et du haut vers le bas. Le matériel est en général disposé sur des plateaux ou dans des paniers.

L'adulte doit changer régulièrement les plateaux ou les paniers pour suivre les saisons, les fêtes, tous les événements qui jalonneront la vie de l'enfant. Par exemple, en automne, on peut lui préparer un plateau lui permettant de trier des noix, des noisettes, des glands. À Noël, il peut ranger des cartes sur lesquelles se trouvent des flocons de différentes tailles, du plus petit au plus grand.

Il est important de penser au développement de tous les sens de l'enfant : n'oubliez pas l'odorat et le goût on a souvent tendance à privilégier la vue, le toucher et l'ouïe, notamment avec la musique.

Le matériel de développement des sens peut tout à fait être fabriqué à la maison et pour un coût très faible.

LA PRÉSENTATION DES EXERCICES

Le matériel se présente à l'enfant comme pour la vie pratique. On lui demande toujours s'il est d'accord pour qu'on lui présente un nouveau matériel. S'il accepte, on va chercher le matériel avec lui sur l'étagère, puis on fait la présentation en parlant le moins possible, en faisant des gestes très lents. On propose ensuite à l'enfant de continuer et/ou de refaire l'activité aussi souvent qu'il le désire.

Une fois que l'activité est terminée, on demande à l'enfant d'aller la ranger.

L'adulte ne reste pas à côté de l'enfant lorsque la présentation a été faite et qu'il l'a fait par lui-même. Il est essentiel de développer son autonomie et qu'il soit capable de travailler tout seul.

De même, il faut laisser l'enfant faire son choix parmi plusieurs plateaux posés sur l'étagère et ne surtout pas lui imposer telle ou telle activité de manière autoritaire.

Chapitre 4

Les activités

VIE PRATIQUE

VIE SENSORIELLE

0-2 ans

MATHÉMATIQUES

LANGAGE

CULTURE

Images en noir et blanc

Âge : Dès la naissance

Dès les premiers jours de sa vie, le bébé a déjà une vraie capacité de concentration sur un objet qui se trouve près de lui, à condition que celui-ci soit proche de son visage et très contrasté.

Créez ou découpez et plastifiez des images en noir et blanc (animaux, images abstraites). Placez-les près de l'enfant dans son berceau ou sur le mur, contre sa table à langer.

Les mobiles

Âge : Dès la naissance

Les premières semaines, le mobile aide le bébé à développer sa capacité à explorer visuellement le monde. Il développe également graduellement sa capacité à fixer un objet en mouvement, observer la couleur, la profondeur... Le mobile doit être changé régulièrement, mais peut aussi être laissé en place dans certains endroits de la maison.

Il s'agit d'activités visuelles pures : ils n'émettent aucun son. Le mobile ne bouge que grâce aux légers courants d'air. Il est en matière naturelle et est proposé au bébé dès sa naissance.

Les mobiles sont présentés dans l'ordre suivant :
- **le mobile de Munari :** composé de formes géométriques planes en noir et blanc et d'une sphère transparente qui réfléchit la lumière ;
- **le mobile de Gobbi** : composé de 5 boules tissées de la même couleur en dégradé, accrochées en ordre ascendant du foncé au clair ;
- **le mobile des octaèdres :** composé de 3 octaèdres de papier coloré des trois couleurs primaires ;
- **le mobile des danseurs :** composé de figures stylisées en papier métallique coloré, qui bougent avec le moindre courant d'air.

On peut aussi présenter des mobiles composés de figures stylisées en bois, peintes de couleurs claires et seulement réalistes, c'est-à-dire avec des avions, des oiseaux, des papillons, etc., mais pas avec des éléphants ou des camions (qui ne volent pas !).

Le mobile sera accroché à une hauteur basse afin que les mains de l'enfant puissent le toucher. Au début, il va taper maladroitement le mobile, puis peu à peu essayer de créer un contact volontairement. Pour cela, il aura besoin d'une grande concentration et d'un contrôle de plus en plus important de son bras.

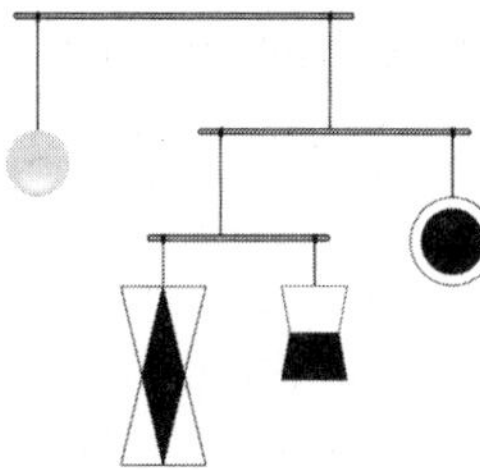

Mobile de Munari

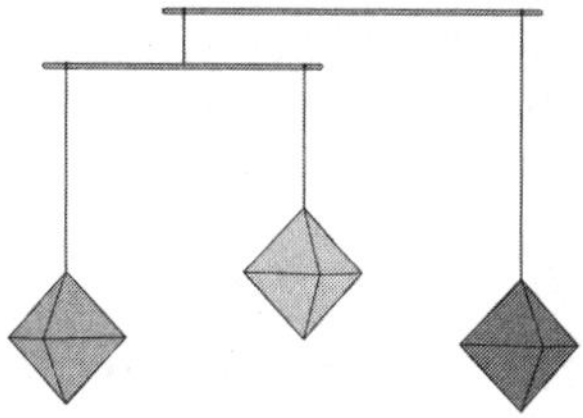

Mobile des octaèdres

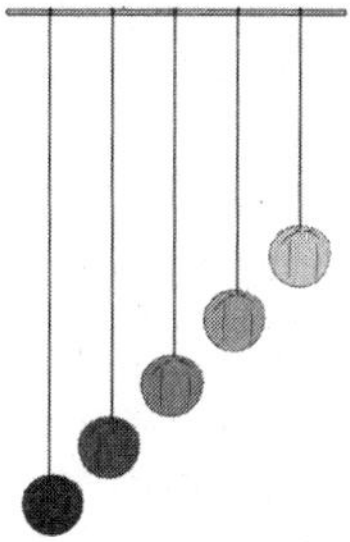

Mobile de Gobbi

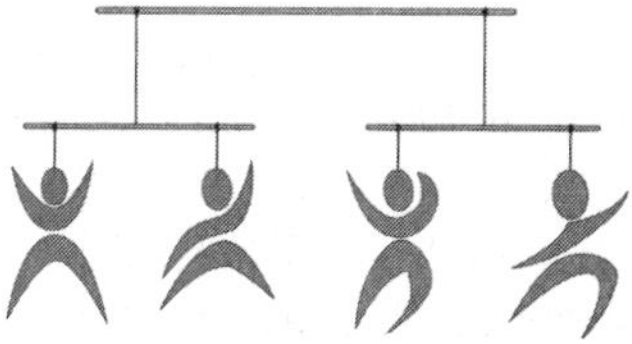

Mobile des danseurs

Balles de textures différentes

Âge : 2 mois

L'enfant qui découvre le monde par ses sens aura besoin de faire l'expérience de textures différentes. Donc acheter en double des balles aux revêtements variés : plastique, tissu, bois, caoutchouc, etc. Au départ, l'enfant fera seulement une expérience sensorielle : il touchera, mettra dans sa bouche, fera rouler les différentes balles.

Se reporter ensuite aux activités de mises en paires pour découvrir un exercice de mise en paires de balles. On peut également le faire dans un sac à mystère.

Les hochets suspendus

Âge : 3 mois

L'enfant entre dans la phase du mouvement involontaire. On va donc passer aux hochets suspendus, composés d'un grelot sur un ruban et d'un anneau sur un ruban.

Ces deux objets seront accrochés à des endroits différents, à un support solide, et ils seront placés au-dessus du thorax du bébé afin qu'il puisse les toucher et les saisir.

Ils sont souvent accrochés à un élastique.

Par ses mouvements involontaires, le bébé va toucher ce hochet qui reviendra seul à sa position initiale ; il prendra ainsi vite conscience que ses gestes ont un impact sur son environnement.

Les tubes ou bouteilles sensoriels pour les petits

Âge : 6 mois

Matériel

- 1 petite bouteille en plastique ou un tube en plastique vide, propre, rigide et lisse
- 1 pincée de paillettes de couleur et des sequins
- de l'huile de paraffine
- des grains de riz, des lentilles...
- 1 pistolet à colle

Préparation

1. Rincer et sécher le contenant.
2. Y ajouter soit les grains de riz, soit les lentilles, soit l'huile de paraffine en laissant un centimètre de vide, et y ajouter paillettes et sequins.
3. Coller le bouchon avec un pistolet à colle.

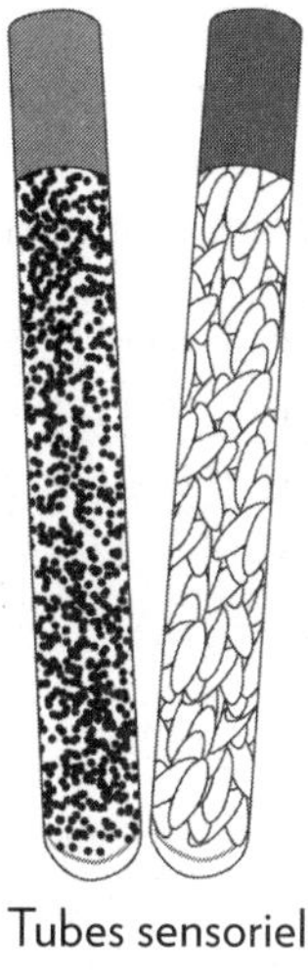

Tubes sensoriels

Présentation

Laisser l'enfant découvrir sensoriellement l'objet. Vers 12 mois, reportez-vous aux activités « mises en paires » pour lui proposer des mises en paires avec ces tubes ou bouteilles sensoriels.

Livres sonores

Âge : 8 mois

Il est primordial de développer l'ouïe de l'enfant. Cela l'aidera beaucoup à augmenter ses capacités de concentration, de mémorisation, de compréhension du monde, et le préparera à la lecture.

Vous trouverez dans le commerce des livres sonores très bien faits sur différents thèmes (les animaux de la ferme, les chansons de Mozart, etc.). L'enfant clique sur une petite puce et un son sort alors du livre.

Mises en paires

Âge : 18 mois

Le processus mental et physique permettant d'identifier des objets pour les mettre en paires est une compétence de développement importante pour la création d'une base solide en mathématiques.

Matériel

- 1 ensemble de 10 paires de cartes

(Créer un ensemble de cartes avec des formes de différentes couleurs. Par exemple, une paire aurait un grand triangle équilatéral rouge et une autre aurait un grand carré bleu. Si vous avez des formes à dessin, vous pouvez les utiliser pour faire ces cartes.)

- 1 boîte
- 1 tapis

Présentation

1. Inviter l'enfant à venir faire l'exercice.
2. L'enfant peut dérouler le tapis.
3. Apporter la boîte sur le tapis et poser les cartes de la gauche vers la droite.
4. Nommer la première carte. Par exemple : « C'est un grand triangle rouge » et poser la carte paire à côté.
5. Après avoir effectué toutes les mises en paires, mélanger les cartes pour laisser l'enfant essayer.
6. Quand toutes les cartes sont mises en paires, l'enfant peut les ranger dans la boîte.
7. Tout ranger sur l'étagère.

Si vous travaillez avec un enfant plus jeune, prenez deux paires de cartes très différentes, comme un grand triangle rouge et un grand carré bleu, en mettant le reste de côté pour plus tard.

Différents chants d'oiseaux 1

Âge : 18 mois

Matériel

- 3 paires d'appeaux
- 1 petit tapis

Présentation

1. Poser les appeaux sur un tapis horizontalement, de la gauche vers la droite.
2. Prendre un appeau et souffler dedans.

3. Prendre le deuxième et faire la même chose, et ainsi de suite avec les six.
4. Souffler dans un appeau, le poser sur le tapis en haut et dire : « On va chercher le même son. »
5. Souffler dans un autre appeau, jusqu'à ce que l'on trouve le même son.
6. Une fois le son trouvé, mettre l'appeau à la droite de l'appeau qui a le même son.
7. Continuer en les posant ainsi en paires horizontalement, les paires les unes en dessous des autres.
8. Proposer à l'enfant de continuer.

Différents chants d'oiseaux 2

Âge : 18 mois

Matériel

- 3 appeaux
- 3 images des oiseaux correspondant aux chants des appeaux

Présentation

1. Prendre les images et dire le nom de l'oiseau qui y est représenté.
2. Les poser horizontalement les unes à côté des autres de la gauche vers la droite.
3. Prendre un appeau, souffler dedans et dire le nom de l'oiseau à qui appartient le cri.
4. Poser l'appeau sur l'image en question.
5. Continuer ainsi.
6. Proposer ensuite à l'enfant de refaire l'activité.

Mémory

Âge : 18 mois

Matériel

- 3 paires de cartes sur un thème donné et bien distinctes les unes des autres

Présentation 1

Laisser les images face visible et expliquer à l'enfant le principe du mémory : prendre une image et lui demander de placer à côté l'autre image identique ; faire de même avec la deuxième image, puis avec la troisième.

Présentation 2

Jouer au mémory avec les faces cachées.

Tri de couleurs

Âge : 18 mois

Matériel

- 6 tablettes rouges, 6 tablettes bleues et 6 tablettes jaunes
- 1 boîte pour les tablettes avec un espace pour ranger un ensemble de tablettes rouges, un bleu et un jaune séparément
- 1 tapis

Présentation

1. Inviter l'enfant à vous rejoindre pour le travail.
2. L'enfant déroule le tapis et pose le matériel sur le tapis.

3. Sortir le premier ensemble de tablettes. Poser une tablette rouge sur le coin droit du côté court du tapis.
4. Répéter avec une tablette bleue et une tablette jaune. Les poser à la droite de la tablette rouge afin de former une ligne de gauche à droite.
5. Répartir les tablettes restantes de façon aléatoire autour de la partie inférieure du tapis.
6. Prendre une tablette rouge. La poser en dessous de la première.
7. Refaire la même chose avec une tablette bleue et une tablette jaune.
8. Mélanger les tablettes.
9. Inviter l'enfant à essayer. Si l'enfant semble hésiter, les remettre encore en paires vous-même. À ce moment-là, dire le nom de la couleur de la tablette en la posant en dessous de l'autre.
10. Ranger les tablettes.

Les tris peuvent prendre beaucoup de formes, ainsi vous pouvez inclure l'enfant dans des tâches comme trier le linge et d'autres activités quotidiennes permettant à l'enfant de travailler à côté de vous. S'il ne peut pas faire une tâche ou une autre, utiliser le concept « chacun son tour », et souvenez-vous de modifier la tâche la fois suivante pour la rendre faisable.

Tri de formes

Âge : 18 mois

Trier est une activité qui mêle les aires sensorielles et mathématiques, procurant un exercice de développement pour le cerveau de l'enfant.

Matériel

- 1 plateau
- 1 grand contenant
- 5 éléments de deux types différents (blocs ou balles)
- 2 bols
- 1 tapis

On peut utiliser tout type d'objets à trier. Les objets à l'intérieur d'un même ensemble doivent être identiques.

Présentation

1. Inviter l'enfant à se joindre à vous pour cet exercice.
2. L'enfant peut dérouler le tapis.
3. Apporter le plateau sur le tapis et s'asseoir avec l'enfant sur le tapis.
4. Enlever le couvercle du contenant et le poser sur le côté.
5. Mettre les deux bols sur le tapis.
6. Prendre un bloc et dire : « C'est un bloc. » Le placer dans le bol de gauche.
7. Prendre une balle et dire : « C'est une balle. » La placer dans le bol de droite.
8. Noter de toujours faire le travail de la gauche vers la droite, mais si l'enfant travaille différemment, cela convient.
9. Trier ainsi tous les objets.
10. Les mélanger à nouveau en les remettant dans le contenant.
11. Laisser l'enfant les trier.
12. Ranger l'activité ou laisser l'enfant continuer s'il le souhaite.

Tri par tailles

Âge : 18 mois

De même que pour les tris en fonction des formes ou des couleurs, proposez des tris avec des objets dont la taille seulement varie.

On pourra ainsi proposer à l'enfant de trier dans 3 coupelles 9 boutons identiques qui varient seulement par la taille (3 petits, 3 moyens et 3 grands), ou des pailles de même couleur mais de tailles différentes : 3 petites, 3 moyennes, 3 grandes.

Tous les tris seront acceptés du moment que les objets ont la même forme, la même couleur et qu'ils ne varient que par leur taille.

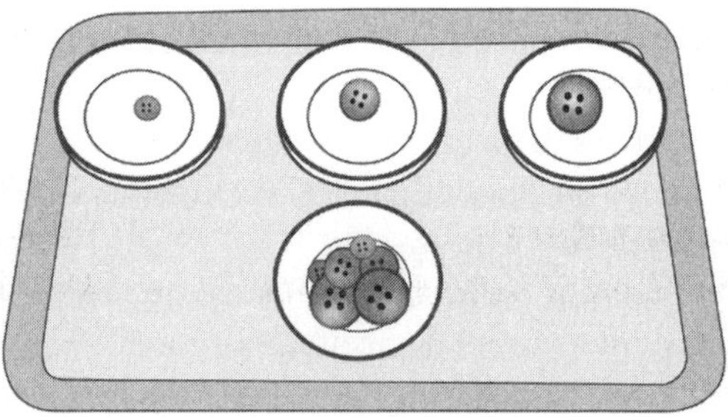

Plateau « Tri par tailles »

Tri par saisons

Âge : 18 mois

Rappelez-vous : une seule difficulté à la fois ! C'est-à-dire que si vous choisissez un tri par la couleur, tous les objets doivent avoir la même forme et la même taille. Si vous choisissez un tri par la forme, ils doivent tous avoir la même couleur et la même taille, etc.

Pour l'hiver, proposez par exemple de trier dans 3 coupelles : 3 sapins rouges, 3 sapins verts, 3 sapins dorés.

Pour le printemps, par exemple des boutons en forme de fleurs identiques : 3 petits, 3 moyens, 3 grands.

Pour l'été, des petits objets en bois, par exemple 3 chapeaux de paille, 3 paires de lunettes de soleil, 3 glaces en cornet.

Pour l'automne, par exemple 3 noix, 3 noisettes, 3 marrons.

Vous pouvez introduire des éléments supplémentaires tels que des pinces, une cuillère, à partir du moment où l'enfant maîtrise le tri à la main et qu'il sait se servir de ces objets.

Sac à mystère et mise en paires d'objets

'OIR P. 187

Âge : 18 mois

Matériel

- 2 petits sacs en tissu de 20 × 30 cm avec des cordons de couleur différente (un rouge et un bleu)
- entre 3 et 4 paires d'objets
- 1 tapis

Présentation

1. Apporter les sacs sur la table ou sur le tapis.
2. Donner un sac à l'enfant et garder l'autre devant soi.

3. Prendre un objet dans le sac lentement.
4. Dire à l'enfant : « Je touche... » et sortir l'objet du sac en nommant l'objet.
5. Poser l'objet sur la table ou le tapis en haut à gauche.
6. Demander à l'enfant s'il peut chercher dans son sac le même objet.
7. Poser les deux objets en paire sur la table ou sur le tapis.
8. Continuer ainsi avec les 3 ou 4 paires.
9. Il est possible de laisser l'enfant jouer avec l'objet à partir du moment où il s'en sert correctement.

Boîte de couleurs 1

Âge : 2 ans

Matériel

- 1 petite boîte contenant 6 tablettes aux couleurs primaires : 2 rouges, 2 bleues et 2 jaunes

Présentation 1

1. Faire l'exercice sur une table ou sur un tapis.
2. Sortir les tablettes l'une après l'autre en les tenant par la bordure.
3. Déposer les tablettes sur la table ou le tapis de manière dispersée.
4. Saisir une tablette avec la « pince » et la poser sur la table.
5. Prendre la seconde tablette de la même couleur et la poser à côté.
6. Prendre une autre couleur et demander à l'enfant : « Peux-tu me trouver la tablette de la même couleur ? »
7. Continuer ainsi avec toutes les tablettes.

Présentation 2

1. Ranger une tablette de chaque paire.
2. Faire une leçon en trois temps pour enseigner le nom des couleurs :
   - 1er temps : « Aujourd'hui je vais t'enseigner le nom de trois couleurs : rouge (montrer une tablette rouge), bleu (montrer une tablette bleue), jaune (montrer une tablette jaune). »
   - 2e temps : « Montre-moi le rouge, montre-moi le bleu, montre-moi le jaune. » Mélanger. « Donne-moi le bleu, donne-moi le jaune, donne-moi le rouge. » Mélanger. Recommencer jusqu'à ce que l'enfant identifie bien toutes les couleurs. S'il se trompe, ne pas lui dire « c'est faux » ou « non » ou « tu t'es trompé », mais reprendre le 1er temps.
   - 3e temps : prendre une seule tablette, la poser devant l'enfant et lui demander : « Qu'est-ce que c'est ? », puis faire de même avec les deux autres tablettes.

Algorithmes

Âge : 2 ans

La reconnaissance et la construction d'algorithmes est une partie clé des mathématiques. Cet exercice aide votre enfant à commencer à construire cette habileté.

Matériel

- 10 grands triangles rouges, 10 petits disques jaunes et 10 grands carrés bleus
- 1 boîte
- 1 tapis

Présentation

1. Inviter l'enfant à venir travailler sur le tapis.
2. L'enfant déroule le tapis et l'adulte apporte la boîte sur le tapis.
3. Créer un algorithme avec les triangles rouges et les carrés bleus. Par exemple, poser 1 triangle, 2 carrés, 3 triangles, 1 carré et 5 triangles le long du sommet du tapis.
4. Mettre en paires l'algorithme qui a juste été créé en alignant dans le même ordre les formes en dessous du premier rang.
5. Mélanger les formes géométriques. Laisser l'enfant essayer.
6. Laisser l'enfant apprécier ce travail avec n'importe quel exercice d'algorithmes qu'il peut mettre ensemble.
7. Ranger avec l'enfant.

Si vous travaillez avec un enfant avec lequel il n'y a pas de risques d'étouffement, vous pouvez étendre l'exercice en utilisant des ensembles de différents types de boutons, des pinces à linge ou autres petits objets intéressants. Pour les plus jeunes, vous pouvez n'utiliser que trois objets de chaque forme pour créer des algorithmes.

Rappelez-vous de nommer les formes correctement à chaque fois que vous les prenez. Par exemple « le grand triangle rouge » et « le grand carré bleu » sont deux phrases que vous pouvez utiliser avec votre enfant. Il ne sera pas forcément encore capable de dire la même chose, mais il est important pour lui de l'entendre.

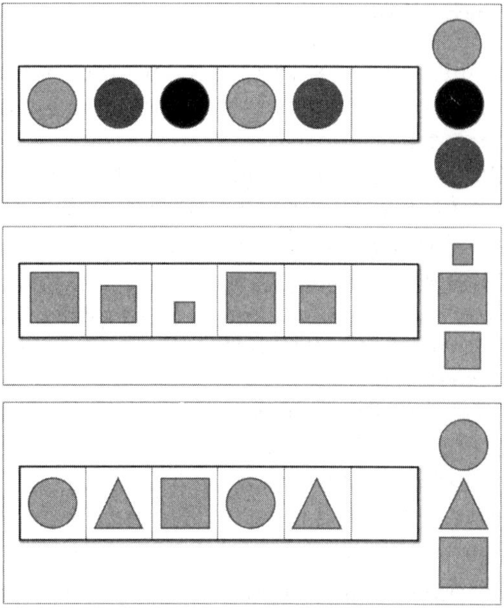

Cartes à loupe

Âge : 2 ans ½

Matériel

- 4 paires d'images dont une image sera de taille normale et l'autre sera de toute petite taille uniquement visible avec une loupe ; au dos de chaque paire, placer une gommette de la même couleur
- 1 loupe (illustration)
- 1 tapis

Présentation

1. Sur le tapis, faire une colonne à gauche avec, les unes en dessous des autres, les cartes sur lesquelles les images sont de taille normale.
2. Faire une colonne à droite avec, les unes en dessous des autres, les cartes sur lesquelles les images sont de toute petite taille.
3. Montrer l'image en haut de la colonne de gauche.
4. Prendre la loupe dans la main et regarder de haut en bas les toutes petites images de la colonne de droite.
5. Lorsque l'on a trouvé l'image identique à la colonne de gauche, la placer à côté.
6. Faire de même avec l'image juste en dessous dans la colonne de gauche.
7. Inviter l'enfant à poursuivre.
8. Montrer à l'enfant comment se corriger en retournant les images pour voir les gommettes.

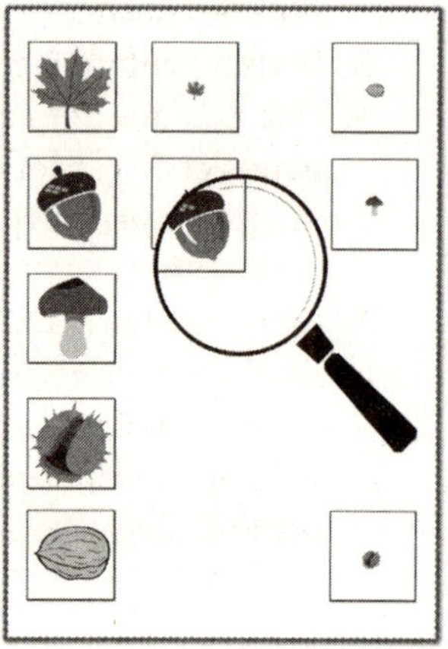

Cartes à loupe

Boîte de couleurs 2

Âge : 2 ans ½

Matériel

- 1 longue boîte contenant 22 tablettes : 2 rouges, 2 bleues, 2 jaunes, 2 vertes, 2 mauves, 2 blanches, 2 noires, 2 marron, 2 grises, 2 roses et 2 orange

Présentation

1. Sortir toutes les tablettes de couleur dans le désordre (comme pour la boîte n° 1, voir p. 84)
2. Commencer à les mettre en paires les unes en dessous des autres.
3. Inviter l'enfant à continuer.
4. Une fois que cet exercice est terminé, ranger les paires et ne garder que 3 tablettes de couleurs différentes (vérifier que l'enfant connaît les couleurs de la boîte 1).
5. Faire une leçon en trois temps.
6. Enseigner les couleurs trois par trois.
7. Un autre jour, vérifier que les couleurs déjà vues sont acquises et en enseigner trois autres, etc., jusqu'à ce que toutes les couleurs soient connues.

Sac à mystère et objets généraux

Âge : 3 ans

Matériel

- 1 sac contenant une dizaine de petits objets

Présentation

1. Inviter les enfants à cette activité de groupe autour d'une table.
2. Mettre la main dans le sac.
3. Saisir un objet avec la main sans le sortir et sans le voir et commencer à décrire ses caractéristiques (texture, taille, forme, température, etc.).
4. Quand l'un des enfants découvre le nom de l'objet, mettre l'objet sur la table.

5. Inviter un enfant à essayer en lui demandant de décrire l'objet selon ses caractéristiques ou en répondant aux questions des autres enfants.
6. Quand l'un des enfants identifie l'objet, mettre l'objet sur la table.
7. Une fois l'exercice terminé, demander à un enfant de remettre les objets dans le sac et de remettre le sac à sa place.

Étoffes

Âge : 3 ans

Matériel

- 1 boîte contenant 5 paires (au début) de carrés d'étoffe (14 cm^2) de différentes sortes comme du tulle, de la soie, du velours côtelé, du coton, de la laine...
- 1 bandeau

Présentation

1. Sortir les étoffes de la boîte.
2. Présenter les étoffes aux textures les plus éloignées en premier.
3. Demander à l'enfant de mettre le bandeau.
4. Faire toucher une étoffe à l'enfant à pleine main et lui demander de trouver la même.
5. Laisser une main sur une étoffe et aider l'enfant à toucher et à chercher le second élément de la paire avec l'autre main en touchant avec le bout des doigts.
6. Guider l'enfant pour les deux premières paires et lui proposer de faire ensuite tout seul.
7. Poser les paires les unes en dessous des autres.
8. À la fin de l'exercice, proposer à l'enfant de vérifier.

3 MATHÉMATIQUES

Chapitre 5

Préparation et présentation

L'enfant traverse la période sensible des mathématiques, qui est souvent facilement reconnaissable. En effet, à ce moment-là, il saisit toutes les occasions pour compter et demande quelle est la signification de tel ou tel chiffre.

Il est essentiel d'enseigner les mathématiques d'une manière concrète et non avec des mots. Encore une fois, on va faire appel à des activités de manipulation, car l'enfant n'a pas encore de pensée abstraite. Petit à petit, par des activités, on mènera l'enfant du concret vers l'abstrait.

> ***Il est essentiel d'enseigner les mathématiques d'une manière concrète et non avec des mots.***

L'adulte va donc disposer des plateaux ou paniers de mathématiques regroupés sur une étagère dédiée aux mathématiques. Ces paniers devront être attractifs et permettre de nombreuses activités : dénombrement, opérations, etc.

On peut aussi penser à des activités simples de la vie de tous les jours, car **il est important de relier l'enseignement des mathématiques à la vie de l'enfant.**

En général, on introduit très tôt la comptine des nombres en lui faisant compter ses pas, les couverts lorsqu'il met la table, le nombre d'invités, les petites voitures, etc. Ainsi il la retiendra sans s'en rendre compte. Il est possible aussi de le faire compter sur ses doigts.

Les activités de tri, de classement d'ensembles d'objets par la couleur, la forme, la taille, etc. que l'on a vues dans la partie sensorielle préparent également l'enfant aux mathématiques.

C'est aussi le cas de certaines activités de vie pratique.

Encore une fois, l'adulte se souviendra que l'on n'enseigne qu'une difficulté à la fois et que l'on passe à la suivante lorsque la précédente est acquise.

LA PRÉPARATION DU MATÉRIEL

Les activités sont préparées sur des tapis ou dans des paniers et regroupées sur l'étagère dédiée à cette matière, toujours rangée tel qu'on l'a vu précédemment.

L'enfant comprend ainsi que lorsqu'il maîtrise une activité sur un plateau, il peut passer au plateau situé immédiatement à droite et ainsi apprendre par lui-même.

Les plateaux doivent être esthétiques et pas trop chargés. En fabriquant un plateau, veillez à n'introduire qu'une seule difficulté à la fois.

LA PRÉSENTATION DES EXERCICES

Elle se fait comme pour les activités de vie pratique et de vie sensorielle, en respectant bien la disposition et l'ordre pour la présentation de la gauche vers la droite et du haut vers le bas.

Il faut toujours tenir toujours les éléments avec la « pince » : pouce, index et majeur.

Enfin, lorsque l'on arrive à des apprentissages plus abstraits, les chiffres par exemple, on le fera en utilisant la leçon en trois temps (voir p. 134).

Chapitre 6

Les activités

Jeux de dénombrement

Âge : 2 ans

Matériel

- des objets identiques, par exemple des petites voitures, ou des marrons, ou des crayons

Présentation

Lorsque votre enfant connaît la comptine 1, 2, 3, etc., il est important qu'il comprenne que cela représente des quantités. Il faut donc faire beaucoup de jeux avec lui, par exemple : « 1, 2, 3 voitures, j'ai dans ma main 3 voitures, peux-tu, toi, en prendre 2 ? » ou alors : « Tu vois ces crayons ? Combien veux-tu que j'en prenne ? Peux-tu, toi, en prendre 4 ? » etc.

Chiffres rugueux

Âge : 3 ans

Matériel

- des plaquettes de bois avec un chiffre en papier de verre que l'enfant peut toucher, de 1 à 3 (un chiffre par plaquette)

Présentation

1. Sortir la plaquette avec le 1. Repasser dessus avec l'index et le majeur et dire en même temps « 1 ». Inviter l'enfant à toucher et à répéter « 1 ».
2. Faire pareil avec la plaquette « 2 », puis avec la plaquette « 3 ».
3. Disposer les unes à côté des autres les trois plaquettes et demander : « Montre-moi le 1 », « Montre-moi le 3 », « Montre-moi le 2 ».
4. Si l'enfant se trompe, ne rien dire, lui demander de retoucher la plaquette et redire le bon chiffre avec lui.
5. Mélanger les plaquettes et continuer jusqu'à ce que l'enfant maîtrise en variant les actions : « Donne-moi le 2 », « Cache le 3 », « Repasse avec tes doigts sur le 1 », etc.
6. Placer une seule plaquette devant l'enfant et lui demander : « Qu'est-ce que c'est ? ». Puis faire pareil avec la deuxième, puis avec la dernière.
7. Conclure : « Aujourd'hui tu as appris à reconnaître le symbole du 1, du 2, du 3. »

Jeux d'association symbole/quantité

VOIR P. 187

Âge : 3 ans

VIE PRATIQUE
VIE SENSORIELLE
MATHÉMATIQUES
2-4 ans
LANGAGE
CULTURE

Matériel

- des morceaux de papier pliés tout petit, chacun avec un chiffre de 0 à 10 écrit dessus
- différents objets pour compter, par exemple : des fuseaux, des jetons, des cylindres, des blocs, des perles, des coquillages, etc. (ne mettre que des objets identiques dans la boîte)
- 1 jolie boîte

Présentation

1. Prendre un petit papier, le déplier.
2. Lire dans sa tête sans que l'enfant voie le chiffre indiqué dessus.
3. Sortir le nombre d'objets correspondant au nombre écrit.
4. Demander à l'enfant de deviner ce qui est écrit sur le papier.
5. Retourner le papier pour vérifier si c'est la bonne réponse.
6. Inviter l'enfant à prendre un papier et à choisir le bon nombre d'objets.
7. Deviner à son tour.

Cartes à pinces

Voir p. 187

Âge : 3 ans

Matériel à réaliser

- Tracer une ligne noire horizontale à 2,5 cm du bord inférieur de chaque feuille (5 ou 6). Séparer l'espace obtenu sous cette ligne noire en 3 parties égales.
- Dessiner dans la partie supérieure 2 flocons en occupant bien tout l'espace. Dans les 3 cases du bas, écrire : « 1, 2, 3 ». Au dos de la carte, à l'emplacement du 2, coller une gommette de couleur. Plastifier la carte.
- 1 pince à linge
- 1 boîte

Présentation

1. Apporter la boîte avec les cartes sur une table et inviter l'enfant à travailler avec l'adulte.
2. Choisir une carte et demander à l'enfant de compter le nombre d'objets dessinés.
3. Prendre la pince à linge et montrer à l'enfant comment la pincer sur le chiffre qu'il a choisi.
4. Retourner la carte et lui montrer que la pince se trouve sur la gommette ; sa réponse est donc juste.

4

LANGAGE

Chapitre 7

Préparation et présentation

Entre 0 et 6 ans, l'enfant est en pleine période sensible du développement du langage. Qui dit langage dit développement du vocabulaire, de la syntaxe et apprentissage de la lecture.

Développer le vocabulaire de l'enfant est essentiel pour l'acquisition de la confiance en soi et pour qu'il se sente bien. En effet, mieux il pourra exprimer ce qu'il ressent et ce qu'il désire, mieux il se sentira dans le monde.

> ***Développer le vocabulaire de l'enfant est essentiel pour l'acquisition de la confiance en soi.***

Il est vraiment très important de tout faire pour développer le vocabulaire de l'enfant et, pour cela, l'adulte peut mettre en place de nombreuses activités.

À travers les activités de vie pratique et de vie sensorielle, l'enfant aura l'occasion de bien développer son vocabulaire. Il en est de même avec les activités « culturelles » et qui permettent à l'enfant de mieux connaître le monde et d'employer toujours le mot juste. En mathématiques, ce sera la même chose, l'adulte utilisera également toujours les bons termes.

Le livre devrait toujours être source de joie pour l'enfant.

L'adulte organise aussi l'environnement pour préparer à la lecture. Cela peut être fait avec des images variées sur des sujets divers, par des lectures d'histoires, des chansons, etc. La lecture d'histoires doit se passer dans une ambiance calme et sereine. Le livre devrait toujours être source de joie pour l'enfant, car cela contribue au bon développement de sa personne, rend son esprit plus éveillé, développe son imagination, élargit ses horizons et, en aiguisant son vocabulaire, enrichit sa vie.

La lecture ensemble permet par ailleurs aux enfants de comprendre que l'on peut partager des émotions grâce à une histoire : rire ensemble, avoir peur ensemble, etc.

N'oublions pas encore une fois que nous sommes un modèle pour l'enfant. Si l'on veut qu'il lise, il doit nous voir lire. De même pour l'écriture : un enfant qui ne verra ses parents qu'écrire sur leur ordinateur ne comprendra pas la nécessité du geste d'écriture, qui est bien plus difficile que d'appuyer sur des touches. N'oublions donc pas d'écrire des listes, des cartes postales, des petits messages.

On peut aussi organiser des activités variées pour stimuler le langage. L'utilisation des images est intéressante, car l'enfant a besoin de concret, donc un support est important.

On peut tout simplement montrer une image et demander de décrire ce que l'enfant y voit, en chercher les détails, des objets ou des personnages cachés. On peut également utiliser la ferme, la maison de poupée, le garage, etc.

L'enfant de cet âge éprouve très souvent l'envie d'apprendre à lire et il est important d'y répondre. En revanche, il est toujours essentiel de respecter la hiérarchie de présentation des choses.

LA PRÉPARATION DU MATÉRIEL

Il est tout à fait possible de préparer un matériel varié pour le développement du vocabulaire, ainsi que pour les débuts de la lecture.

L'enfant aime qu'on lui prépare des activités liées à sa vie personnelle, il faut donc penser à utiliser des photos des personnes avec qui il vit, des animaux, des événements qu'il a vécus, etc.

Il a du plaisir à apprendre les lettres correspondant à des sons de mots qui le touchent personnellement comme la première lettre de son prénom, celle d'un membre de la famille qu'il aime bien. Il est heureux qu'on lui prépare ses propres livres de sons, ses propres livres d'histoires, etc.

L'adulte doit toujours faire en sorte de préparer du matériel qui soit joli, que l'on place dans de belles boîtes, et qui peut ainsi revêtir un côté précieux que l'on utilise seulement pour les activités de langage.

Ce matériel est regroupé sur une même étagère et placé soit sur des plateaux, soit dans des paniers ou encore de jolies boîtes variées en couleur, en matière, en taille.

Encore une fois, l'observation de l'enfant est très importante, car il sera plus intéressé à apprendre le vocabulaire d'un sujet qui l'attire. L'adulte doit donc l'accompagner dans ses centres d'intérêt et créer du matériel en fonction.

Dans la pédagogie Montessori, nous mettons à la disposition de l'enfant des cartes de nomenclature pour enrichir son vocabulaire ; leur fabrication est sans fin puisqu'elles peuvent être réalisées sur tous les sujets.

Lorsque l'enfant est très jeune, on se sert d'objets concrets, puis peu à peu d'images en toute petite quantité (pas plus de quatre), puis on en ajoute.

L'adulte enrichit aussi son vocabulaire : il est essentiel, lorsqu'il décrit quelque chose à l'enfant, d'**employer toujours le vocabulaire précis**, c'est-à-dire de donner le nom de l'oiseau plutôt que le mot générique, de même pour les arbres, les fleurs, etc.

Les débuts d'apprentissage de la lecture consistent en des jeux sur les sons, puisque l'enfant doit prendre conscience qu'un mot est composé de sons. Il pourra ensuite apprendre la lettre qui correspond à ce son. Il est donc important d'organiser le coin lecture dans un endroit calme afin que l'enfant puisse se concentrer sur les sons.

Dans la fabrication du matériel, il est primordial de respecter les couleurs définies par la pédagogie Montessori, ainsi que la taille des cartes ; et de prévoir au maximum l'autocorrection afin que l'enfant puisse travailler seul et se corriger.

LA PRÉSENTATION DES EXERCICES

Les présentations se font de la même manière que pour les autres catégories. On s'installe avec l'enfant sur un tapis ou sur une table après lui avoir proposé une activité et être allé la chercher sur l'étagère. Toujours en respectant la présentation de gauche à droite et de haut en bas.

Tout doit se passer dans le calme et les présentations se faire lentement.

Le coin lecture organisé pour l'enfant doit être un endroit confortable avec un tapis ou un fauteuil, un choix de livres pas trop important et les couvertures disposées face à l'enfant. Les livres doivent être changés régulièrement en fonction des saisons et des événements qui jalonnent l'année de l'enfant. Les sujets doivent être variés.

Pour les activités de jeux sur les sons et de lecture, il est important de trouver de jolis objets afin que l'enfant ait très envie de les manipuler. Encore une fois, l'adulte présente les choses du concret vers l'abstrait, c'est-à-dire d'abord des objets, puis des images.

On se souviendra du principe de « une seule difficulté à la fois » dans la fabrication et la présentation du matériel.

Pour les jeux de sons et l'apprentissage des lettres, l'autocorrection n'est pas possible. L'adulte doit donc faire preuve de beaucoup de diplomatie pour ne pas heurter l'enfant s'il fait des erreurs. Ce sont par ailleurs des activités où l'enfant a souvent besoin de la présence de l'adulte.

Chapitre 8

Les activités – développement du langage

La bibliothèque

Âge : 0-18 mois

Dans la chambre de l'enfant doit se trouver un tapis devant une bibliothèque constituée de livres variés.

La bibliothèque est très importante, car l'enfant l'utilise pour comprendre comment se lever. Vous devez donc toujours vérifier qu'elle est bien solide et qu'elle ne peut pas tomber.

Lorsque l'enfant est jeune, choisissez des livres avec une seule image par page (type imagier). Il existe des imagiers sur de nombreux sujets : animaux, objets de la maison, nature, etc.

Vous pouvez les réaliser vous-même avec une imprimante. Vous pouvez ainsi constituer un livre avec les membres de la famille, les animaux et les objets de la maison. Vous pouvez écrire le nom des personnes, des animaux et des objets et en discuter avec l'enfant.

La première collection de livres de l'enfant peut contenir les thèmes suivants :

- les animaux, les oiseaux, les reptiles et les plantes ;
- les couleurs et les formes ;
- les aliments ;
- les objets de la maison ;
- le système solaire, les planètes, les étoiles ;
- les parties de la plante ou de la fleur ;
- les véhicules.
- Une bonne idée amusante est de prendre une photo d'une personne importante pour l'enfant dans différentes positions et endroits. Ainsi on peut utiliser les photos pour introduire les prépositions sur une chaise, sous une table rouge, dans une baignoire d'une manière plaisante.

Ensuite, vous pouvez profiter de ce moment pour poser des questions à l'enfant sur les photos qu'il regarde parce que vous savez qu'il connaît ces personnes. Vous pouvez en faire une conversation, au lieu de poser des questions. Cela donne à l'enfant l'opportunité de commencer une réelle conversation.

En Montessori, les petits enfants n'utilisent pas de livres de fiction. On se centre sur des histoires vraies avec de vrais personnages et des faits réels, car le cerveau de l'enfant s'est développé très rapidement et absorbe tout du monde autour de lui ; il n'y a pas encore de place pour le « faire semblant ». Les enfants de cet âge n'ont pas la possibilité de faire la distinction entre la réalité et la fiction, aussi les aide-t-on à bien se développer si on garde de véritables choses...

Cela ne signifie pas que l'on ne peut pas introduire des histoires merveilleuses d'animaux comme les classiques, mais lorsque vous faites vos choix de livres, essayez d'éliminer les personnages de dessins animés et les contes de fées pour les garder assez réalistes.

Pour les jeunes enfants, on se centre sur des livres sur le monde réel.

Par exemple, des livres d'images et du monde pour que l'enfant puisse les regarder tout seul ou pour que vous puissiez les lire ensemble.

Vous pouvez garder les différents thèmes vus ci-dessus. À ceux-là, vous pouvez ajouter de nouveaux livres.

Si votre enfant s'intéresse plus particulièrement aux chats, cherchez un livre sur toutes les espèces de chats dans leurs habitats respectifs. Si votre enfant aime les véhicules, procurez-vous des livres montrant de belles images de tout ce qui concerne les tracteurs ou les camions, etc.

La collection de livres enrichie de votre enfant peut contenir les thèmes suivants :

- les animaux d'Afrique, d'Asie et des autres continents ;
- les espèces d'un animal ;
- les habitats ;

- les types de véhicules pour la ferme ;
- les variétés de fruits et légumes ;
- les variétés d'arbres et de fleurs ;
- les variétés de feuilles et d'arbres ;
- les variétés d'aliments ;
- les enfants d'autres pays.

Matériel

- des livres

Présentation

1. Il est nécessaire d'établir des règles de comportement avec les livres quant à leur manipulation (avec respect et précision) : on ne met pas le livre dans la bouche, par exemple. Veiller à ne prendre qu'un livre à la fois (limiter le nombre de livres de sa bibliothèque, qu'il est préférable de changer régulièrement en suivant les saisons, les événements de l'année, les centres d'intérêt de l'enfant, etc.).
2. Penser toujours à lire le titre du livre pour commencer.
3. Ne pas dire trop de mots.
4. Répéter l'histoire plusieurs fois.
5. Au fur et à mesure, ajouter des détails.
6. Vers un an, il est possible de commencer à raconter une histoire composée d'une seule phrase pour expliquer une image.

POUR ALLER PLUS LOIN…

Modifiez votre voix et variez vos expressions faciales lorsque vous lisez une histoire à votre enfant. Faites aussi souvent des bruits ; par exemple, montrez l'image d'un animal et imitez le cri de celui-ci. Cela vous aidera à retenir l'attention de votre enfant, tout en rendant l'activité intéressante pour lui. Laissez-lui aussi du temps pour qu'il fasse des sons et dise des mots.

La ferme, le garage ou la maison de poupée

Âge : 12 mois

Matériel

- 1 ferme avec des animaux et tous les éléments de la ferme (tracteur, foin, etc.)
- 1 garage avec des véhicules de différents types et de différentes couleurs
- 1 maison de poupée avec des personnages de la famille (le père, la mère, la fille, le fils, etc.), les meubles (lit, baignoire, buffet, canapé, etc.) et les accessoires de la maison (ustensiles, serviettes, etc.)
- 1 tapis pour chacun de ces matériels et 1 panier pour mettre les éléments
- les accessoires et/ou animaux seront posés dans un panier posé sur le tapis à côté du bâtiment

Présentation

1. Proposer à l'enfant de rejoindre l'adulte sur le tapis de la ferme, par exemple.

2. Sortir les animaux et les éléments et les placer devant l'enfant sur le tapis.
3. Les nommer en les plaçant dans la ferme.
4. Donner également le nom des différents éléments relatifs aux animaux (leur habitat, leur son, leur couleur, le nom de la femelle, du mâle et des petits, leur nourriture, etc.).
5. Introduire le vocabulaire peu à peu.
6. Demander ensuite à l'enfant de donner les différents éléments.
7. Faire la même chose avec la maison et avec le garage.
8. Laisser ensuite l'enfant s'amuser avec la ferme, le garage ou la maison.
9. Laisser également les enfants jouer à plusieurs, car ils inventent des histoires et développent ainsi leur vocabulaire et la syntaxe.

Mise en paires d'objets réels

Âge : 12 mois

Matériel

- 1 panier ou 1 plateau
- des collections de 4 ou 5 paires d'objets tels que des fruits, des légumes, des ustensiles de cuisine, des coquillages, etc.

Présentation

1. Inviter l'enfant : « Aujourd'hui, on va étudier de nouvelles choses : des légumes. Est-ce que tu aimes les légumes ? »
2. Prendre un légume dans le panier, le toucher, le sentir et le donner ensuite à l'enfant.

3. Lui demander s'il peut trouver le même légume dans le panier.
4. Poser la paire de légumes sur le tapis ou sur la table.
5. Continuer ainsi avec les autres légumes.
6. Ensuite, reprendre un légume, dire son nom et le remettre dans le panier.
7. Demander à l'enfant s'il voit le même légume et s'il peut aussi le poser dans le panier.
8. On peut en profiter pour décrire le légume.
9. Continuer ainsi avec les autres paires.

POUR ALLER PLUS LOIN...

› Prendre un légume de chaque sorte.
› Dire le nom du légume quand on l'a dans la main.
› Le déposer sur le tapis.
› Faire la même chose avec les autres légumes.
› Demander à l'enfant s'il peut retrouver le même légume que le premier qui a été pris.
› Continuer ainsi.
› Prendre un légume dans le panier et demander à l'enfant s'il voit le même sur le tapis.
› Enfin, demander à l'enfant de prendre un légume pour le mettre dans le panier.

Répliques d'objets

Âge : 18 mois

Matériel

- 1 boîte, ou 1 panier, ou 1 plateau
- des paires de petites figurines telles que des animaux, des moyens de transport, etc.

Présentation

1. Prendre un animal.
2. Le donner à l'enfant afin qu'il le touche.
3. Lui demander de choisir le même animal dans le panier.
4. Poser l'animal qu'il a choisi à la gauche de l'objet identique.
5. Faire la même chose avec les autres figurines.
6. Lorsque toutes les figurines sont sur le tapis, demander à l'enfant de choisir un animal et de le remettre dans le panier.
7. Continuer ainsi avec tous les animaux.

> **POUR ALLER PLUS LOIN...**
> **(UN AUTRE JOUR OU À LA SUITE)**
>
> ❯ Prendre un animal, le nommer et le poser sur le tapis.
> ❯ Faire la même chose avec les autres animaux.
> ❯ Faire le 2e temps de la leçon en trois temps (voir p. 134).
> ❯ Quand c'est terminé, demander à l'enfant de ranger un à un les animaux.

Cartes de nomenclature

VOIR P. 187

Âge : 18 mois

Matériel

• cartes de nomenclature

Présentation

1. Prendre un petit tapis ou un plateau et y poser les cartes de nomenclature.
2. L'enfant aligne de gauche à droite les différentes cartes comprenant un dessin et le nom qui y est associé.
3. Il doit par la suite faire correspondre la carte qui contient seulement l'image. Puis il retrouve l'étiquette avec le nom correspondant.
4. Si l'enfant sait lire, il retourne les cartes-modèles qui se trouvent sur la ligne du haut, enlève les étiquettes et les replace au bon endroit.
5. Dans le but de développer son autonomie et son autodiscipline, l'enfant retourne les cartes-modèles de sorte que l'image et le texte sont visibles et il se corrige lui-même.
6. On propose ensuite un petit livret à l'enfant qui va reprendre ce qu'il a découvert avec les cartes de nomenclature. Il colorie uniquement la partie concernée, par exemple les pétales. Les enfants

Cartes de nomenclature

aiment remplir leur propre livret, car ils peuvent ensuite le garder.

Vous pouvez ainsi réaliser des cartes de nomenclature dans n'importe quel domaine que vous souhaitez que l'enfant aborde ou qui le passionne : les différents types de véhicules, les différents insectes, les dinosaures, etc.

Cartes d'images concrètes avec association objets

Âge : 2 ans

Matériel

- 1 panier, ou 1 boîte, ou 1 plateau
- des objets et des cartes correspondantes identiques aux objets

Présentation

1. Sortir un objet du panier.
2. Dire le nom de l'objet en le déposant en face de l'enfant sur le tapis.
3. Faire la même chose avec les autres objets en les alignant de gauche à droite sur le tapis.
4. Prendre une image en disant à l'enfant : « Voici l'image d'un lion. »
5. Déposer l'image sur le tapis et prendre l'objet correspondant.
6. Déposer l'objet sur l'image.
7. Faire la même chose avec les autres animaux.
8. Proposer à l'enfant de faire la même chose.

CARTES D'IMAGES PLUS ABSTRAITES AVEC ASSOCIATION OBJETS

Il s'agit du même exercice que le précédent, sauf que l'on mettra l'animal par exemple dans un décor et il ne prendra pas la même pose que la figurine. Cela sera donc plus abstrait et un peu plus compliqué pour l'enfant.

Cartes qui vont ensemble

Âge : 2 ans

Matériel

- 1 plateau
- des paires d'images qui vont ensemble (6 paires pour commencer), par exemple un seau et une pelle, une agrafe et une agrafeuse, un pinceau et un pot de peinture

Présentation

1. Inviter l'enfant à travailler avec l'adulte.
2. S'installer sur le tapis à côté de l'enfant.
3. Sortir toutes les images sur un tapis en les alignant de la gauche vers la droite.
4. Prendre une image et la nommer.
5. Demander à l'enfant s'il peut trouver l'image qui va bien avec elle (ex. : un pot de peinture et un pinceau).
6. Prendre une autre image, la nommer et demander à l'enfant de continuer.

Cartes qui s'opposent

Âge : 2 ans

Matériel

- 1 plateau
- des paires d'images qui s'opposent (6 paires pour commencer), par exemple une chaussure sale et une chaussure propre, une boîte fermée et une boîte ouverte, un enfant qui monte un toboggan et le même enfant qui le descend

Présentation

1. Inviter l'enfant à travailler avec l'adulte.
2. S'installer sur le tapis à côté de l'enfant.
3. Sortir toutes les images sur un tapis en les alignant de la gauche vers la droite.
4. Prendre une image et la nommer.
5. Demander à l'enfant s'il peut trouver l'image qui lui est opposée (ex. : une chaussure propre et une chaussure sale).
6. Prendre une autre image, la nommer et demander à l'enfant de continuer.

Décrire une image

Âge : 2 ans

Matériel

- 1 livre, ou des images, ou tout support permettant d'entretenir une conversation

Présentation

1. Montrer une image d'un livre et demander aux enfants ce qu'ils voient les uns après les autres.
2. Il est essentiel de montrer aux enfants que ce qu'ils pensent est important pour l'adulte.

Nouvelles

Âge : 2 ans

Matériel

- 1 feuille A3 de couleur (la couleur changeant en fonction des mois)

Présentation

Cette activité se fait avec plusieurs enfants.

1. Écrire la date en haut de la feuille en interrogeant les enfants sur le jour, la date, le mois, l'année.
2. Demander à chaque enfant d'exprimer quelque chose qu'il a envie de dire aux autres. On appellera cela « donner sa nouvelle ».
3. Résumer la nouvelle en une phrase que l'adulte écrit sur la feuille en indiquant le prénom de l'enfant, par exemple : « Alexandre a de nouvelles chaussures. »
4. Proposer à chaque enfant de donner sa nouvelle.
5. Insister pour que les autres écoutent.
6. Lorsque tous ceux qui souhaitent parler se sont exprimés, relire les nouvelles lentement.
7. Accrocher cette feuille dans la classe, ou à l'extérieur, ou dans un endroit bien défini de la maison.

Images séquentielles

Âge : 2 ans ½

Ce sont des séries d'images montrant une petite histoire. L'enfant doit mettre dans l'ordre les actions qui se succèdent. C'est un matériel simple qui plaît beaucoup et qui permet à l'enfant d'enrichir son vocabulaire, de développer son sens de l'observation ainsi que sa capacité à analyser des situations. Par exemple, la ligne de vie d'une pomme ou celle d'une jacinthe, ou la ligne de vie de l'oisillon jusqu'à l'oiseau qui prend son envol.

Images séquentielles

Familles d'animaux

Âge : 2 ans ½

Matériel

- 1 plateau ou 1 panier
- des figurines d'animaux par famille, par exemple le bélier, la brebis, l'agneau

Présentation

1. Apporter le panier près de l'enfant.
2. Dire : « Aujourd'hui, je vais te présenter la famille du mouton. »
3. Sortir le bélier : « Voici le bélier, tu veux le toucher ? » Laisser l'enfant bien l'analyser sensoriellement.
4. Faire de même avec la brebis, puis l'agneau.
5. Disposer les trois animaux en ligne et dire : « Montre-moi le bélier », « Donne-moi la brebis », « Touche l'agneau. »
6. Mélanger et continuer jusqu'à ce que l'enfant maîtrise en variant les actions. S'il se trompe, ne rien dire mais lui faire retoucher et répéter le nom correct après vous.
7. Placer un seul animal devant l'enfant et dire : « Qu'est-ce que c'est ? »
8. Faire de même avec les deux autres.
9. Conclure : « Maintenant tu connais les membres de la famille du mouton : le bélier, qui est le mâle, la brebis, qui est la femelle, et l'agneau, qui est le petit. »

Vocabulaire avec les artistes

Âge : 2 ans ½

Matériel

- 1 ensemble de cartes d'artistes
- 1 boîte pour les cartes
- 1 tapis ou 1 table à la taille de l'enfant

L'ensemble des cartes doit inclure 1 carte de l'artiste et 5 cartes de ses œuvres. Par exemple, on peut présenter

Van Gogh et Warhol. Il est très facile de faire ce matériel avec des images trouvées sur Internet.

Présentation

1. Inviter l'enfant à rejoindre l'adulte.
2. Apporter les cartes sur le tapis ou sur la table et s'asseoir à côté de l'enfant.
3. Présenter la carte de Van Gogh. Montrer la carte à l'enfant en disant : « Voici Vincent Van Gogh. » Placer la carte sur le haut du tapis, sur la gauche.
4. Montrer la première image d'une œuvre de Van Gogh. Par exemple, le tableau des tournesols, et dire : « Van Gogh a peint ce tableau, il s'appelle *Les Tournesols.* »
5. Introduire les autres tableaux de Van Gogh de la même façon.
6. Puis présenter Warhol et ses œuvres. Poser l'image de Warhol en haut du tapis, à la droite de Van Gogh. On peut faire remarquer les techniques et les styles différents. Continuer à poser les œuvres de Warhol en dessous de son portrait.
7. Si l'enfant est encore intéressé, mélanger les cartes et recommencer. Sinon, les ranger.

POUR ALLER PLUS LOIN…

› Si on refait cet exercice, on peut poser la carte de Van Gogh et celle de Warhol en haut du tapis et dire : « Je cherche un tableau de Van Gogh… »

› Laisser un moment à l'enfant pour trouver. S'il ne trouve pas, dire : « Voici le tableau des tournesols. »

› Laisser l'enfant trouver les tableaux par lui-même si l'intérêt de l'enfant est toujours élevé.

VIE PRATIQUE
VIE SENSORIELLE
MATHÉMATIQUES
LANGAGE
2-4 ans
CULTURE

Chapitre 9

Les activités – la lecture

Jeux de sons avec objets

Âge : 2 ans

« Le jeu de l'espionnage »

1. Ce jeu peut être présenté aux jeunes enfants, mais il faut qu'ils parlent couramment pour ne pas rencontrer de difficultés de langage.

L'adulte dispose un groupe d'objets sur une table, par exemple : une balle, une bouteille, une bille, une boîte, un bouton et quelques objets faisant exception comme un cube, un sac, des ciseaux. Il prend la boîte et demande : « Pouvez-vous entendre le [bbb] dans la boîte ? » Puis il dit : « Mon petit œil voit quelque chose d'autre commençant par [bbb]. » Parce que les objets sont évidents, le jeu est facile pour les enfants. Et les objets doivent être évidents afin de faciliter cette activité. Ils ont besoin de beaucoup d'entraînement à ce stade en utilisant plusieurs sons commençant le mot.

2. Une variante consiste à poser deux objets sur la table, par exemple une balle et une tasse, et à dire : « Ma main va saisir un objet dont le mot commence par [bbb]. Lequel est-ce ? »
3. Puis on peut jouer à : « J'espionne l'objet qui commence par [bbb] comme "balle". Où est-il dans la pièce ? »
4. Puis au jeu utilisant des mots de 3 lettres phonétiques, par exemple : sac, vis, bol, épi, et aider l'enfant à écouter le son de la fin du mot et du milieu. Ensuite on lui demande de trouver l'objet où l'on entend à la fin le son [lll] ou celui qui a un [aaa] au milieu.
5. Au stade suivant, demander à l'enfant de donner un mot où l'on entend 3 sons, par exemple « col ». À ce niveau, il n'épelle pas le mot, mais écoute le son.
6. Enfin, on peut jouer au jeu où l'enfant doit penser à autant de mots que possible commençant par le son [ttt], ou [sss] ou [ch].

Les jeux d'exception

Quand les enfants commencent à bien comprendre la notion de sons, l'adulte peut demander si l'on entend le même son dans « boire et poire » ou « rire et pire » ou « soir et noir », ou quelles sont les exceptions dans une série de mots de 3 lettres, par exemple : col, bol, bal, molle, paul...

POUR ALLER PLUS LOIN...

› Prendre différents objets et en demander à l'enfant autant de chaque catégorie. Les ranger selon que l'on entend le son ou non. « Entends-tu [a] ou n'entends-tu pas [a] ? »

› Demander à l'enfant de dessiner un objet qui commence par un son précis.

› Aller chercher dans la maison un objet qui commence par un son précis.

› Placer par paires des objets qui se terminent par le même son, ou qui commencent par le même son, ou qui ont le même son au milieu du mot.

Mon petit œil

Âge : 3 ans

Matériel

- des fiches plastifiées sur lesquelles apparaissent 10 images

Présentation

De même que pour les jeux de sons avec les objets, cet exercice consiste à demander à l'enfant de trouver sur la feuille un mot commençant ou terminant par un son choisi, ou dont le son se trouve au milieu.

POUR ALLER PLUS LOIN…

On peut se servir de ces fiches pour faire de la culture avec les enfants. Par exemple : « Désigne-moi tout ce qui est vivant sur la fiche, tout ce qui coule, tout ce qui appartient au règne animal, tout ce qui est aimanté, etc. » (On fera d'abord les leçons en concret, et pour cela, se référer à la partie culture p. 131).

Lettres rugueuses et/ou sable

Âge : 3 ans

Matériel

- 1 boîte contenant les lettres rugueuses (les voyelles sont bleues et les consonnes roses)

Une fois que l'enfant a compris qu'un mot est composé de sons, on peut passer à l'apprentissage des lettres rugueuses par une leçon en trois temps.

Choisir des lettres qui auront un rôle émotionnel pour l'enfant : la première lettre de son prénom, ou la dernière, le « m » de « maman », etc.

En général, on essaie de choisir une voyelle et deux consonnes.

Présentation

1. Prendre 3 lettres, par exemple le « m », le « a », le « s ». Toujours donner le son de la lettre et non son nom. Le « m » se dira [mmm] et pas [ème] ou [meu], pareil pour le « s » qui sera [sss] et non [èsse] ou [seu].
2. Sortir la plaquette avec le « m ». Repasser dessus avec l'index et le majeur et dire en même temps [mmm]. Inviter l'enfant à toucher et à répéter [mmm].
3. Faire pareil avec la plaquette « a », puis avec la plaquette « s ».
4. Disposer les trois plaquettes les unes à côté des autres et dire : « Montre-moi le [mmm] », « Montre-moi le [aaa] », « Montre-moi le [sss]. »
5. Si l'enfant se trompe, ne rien dire, lui demander de retoucher la plaquette avec laquelle il s'est trompé et redire le bon son.
6. Mélanger les plaquettes et continuer jusqu'à ce que l'enfant maîtrise, en variant les actions : « Donne-moi le [aaa] », « Cache le [mmm] », « Repasse avec tes doigts sur le [sss] », etc.
7. Placer une seule plaquette devant l'enfant et lui demander : « Qu'est-ce que c'est ? », puis faire pareil avec la deuxième puis avec la dernière.

8. Conclure : « Aujourd'hui, tu as appris à reconnaître les sons [s], [m] et [a]. »

POUR ALLER PLUS LOIN…

Le plateau de sable et les lettres rugueuses : l'enfant pose la lettre rugueuse à côté de lui et la reproduit dans le plateau de sable autant de fois qu'il le désire.

Association objets-lettres

Âge : 3 ans

Trouver la lettre qui commence le mot avec des objets

Matériel

- 1 tapis
- 1 tableau à lignes
- 1 plateau
- 1 boîte de 6 objets miniatures dont le son initial du nom est une lettre connue de l'enfant
- la boîte du grand alphabet mobile (ou les lettres rugueuses)

Présentation

1. Inviter l'enfant à installer le tapis et éventuellement le tableau à lignes.
2. Montrer à l'enfant un premier objet et lui demander s'il sait ce que c'est. S'il ne le sait pas, lui dire le nom.

3. Lui demander d'apporter dans son plateau la lettre correspondant au premier son entendu dans le nom de cet objet. Il va la chercher dans la boîte du grand alphabet.
4. Poser l'objet sur le tapis en haut sur la première ligne et déposer la lettre correspondant au son initial du nom de l'objet à la droite de l'objet.
5. Demander à l'enfant de choisir un autre petit objet et faire la même chose.
6. Inviter ensuite l'enfant à continuer l'exercice tout seul.
7. À la fin de l'activité, proposer à l'enfant de tout ranger.

Trouver la lettre qui termine le mot avec des objets

Matériel

- 1 tapis
- 1 tableau à lignes
- 1 plateau
- 1 boîte de 6 objets miniatures dont le son final du nom est une lettre connue de l'enfant
- la boîte de l'alphabet mobile (ou les lettres rugueuses)

Présentation

1. Inviter l'enfant à dérouler son tapis de travail et à poser le tableau à ligne dessus.
2. Montrer à l'enfant un premier objet et lui demander s'il en connaît le nom. S'il ne le connaît pas, lui dire.
3. Lui demander d'apporter dans son plateau la lettre correspondant au dernier son entendu dans le nom

de cet objet. Il va la chercher dans la boîte du grand alphabet.

4. Poser l'objet sur le tapis en haut sur la première ligne et déposer la lettre correspondant au son final du nom de l'objet à la droite de l'objet.
5. Demander à l'enfant de choisir un autre petit objet et faire la même chose.
6. Inviter l'enfant à continuer l'activité.
7. À la fin de l'activité, lui proposer de tout ranger.

Activité « trouver la lettre qui commence le mot »

Porte-vues des lettres

Âge : 3 ans

Matériel

- 1 porte-vues
- des feuilles blanches
- des images

Préparation

Dans ce porte-vues des lettres, une page sera réservée à chaque nouvelle lettre apprise par l'enfant. Les consonnes seront écrites en haut de la page en rose et les voyelles en bleu.

Si l'enfant vient d'apprendre la lettre « a », notez « a » en haut de la page et aidez l'enfant à trouver des mots commençant par la lettre « a ». Vous pouvez chercher ces images sur Internet, dans des magazines, etc. Vous découperez les images choisies avec l'enfant et les collerez (ou le laisserez les coller) sur la page.

Le porte-vues sera complété au fur et à mesure et disponible en libre accès pour l'enfant, de sorte qu'il pourra le regarder fièrement et réviser tout seul.

En voyant les images et la lettre, il se souviendra facilement du son de chaque lettre.

5

CULTURE

Chapitre 10

Préparation et présentation

Une bonne connaissance du monde dans lequel l'enfant vit est essentielle pour qu'il s'y sente bien et développe ainsi sa confiance en lui.

Le jeune enfant montre toujours une grande soif d'apprendre et pour que celle-ci ne cesse pas, il est essentiel de répondre à cette envie d'en savoir plus.

Toutes les activités mises en place en histoire, géographie et sciences vont lui permettre d'atteindre ces objectifs, ainsi que celui de développer considérablement son vocabulaire pendant qu'il traverse la période sensible du langage.

Il est vraiment primordial, pour que l'enfant apprenne dès son plus jeune âge, de tout lui montrer, en priorité d'une manière concrète parce qu'il est à un âge où tout passe par ses sens et par ses mains.

Il est vraiment primordial, pour que l'enfant apprenne dès son plus jeune âge, de tout lui montrer, dans la mesure du possible, en priorité d'une manière concrète parce qu'il est à un âge où tout passe par ses sens et par ses mains : il a besoin de sentir, de toucher, de voir, d'entendre, et parfois aussi de goûter.

Ainsi, pour de nombreuses activités présentées ici, il sera important de faire découvrir les choses d'abord en emmenant l'enfant à l'extérieur et en l'incitant à observer la nature, les phénomènes naturels, les animaux, etc. Et, lors de ces promenades, de laisser le temps à l'enfant d'observer, de toucher, de sentir, d'entendre, etc., afin qu'il s'approprie vraiment le monde dans lequel il vit, qu'il s'y sente bien et, aussi, peu à peu, qu'il comprenne le lien entre les choses et l'importance du rôle qu'il a à jouer dans le monde pour maintenir l'équilibre.

C'est aussi grâce à de nombreuses activités que l'enfant va pouvoir trouver sa place dans ce monde qui l'entoure. Il en existe des centaines ! L'important étant de toujours garder les mêmes principes : regarder les choses « pour de vrai » (dans la mesure du possible), puis montrer des photos en les commentant avec l'enfant et, enfin, lui permettre de faire un travail individuel avec de la manipulation.

C'est aussi grâce à de nombreuses activités que l'enfant va pouvoir trouver sa place dans ce monde qui l'entoure.

Il ne s'agit pas de rester constamment à côté de l'enfant pendant l'activité. En effet, **l'un des buts de l'autocorrection est de permettre à l'enfant un travail en autonomie pour comprendre ses erreurs et découvrir la solution et la réponse exacte.**

Les parents ont souvent tendance à vouloir aider l'enfant à trouver la bonne réponse, mais ce n'est pas forcément une aide sur le long terme que nous lui apportons. Un enfant qui se corrige par lui-même développe son raisonnement et sa créativité, deux éléments essentiels pour son avenir.

Les activités présentées dans cette partie se font sur une table ou sur un tapis. Il est important de laisser à l'enfant le choix de l'endroit où il se sent le mieux pour travailler.

En revanche, que ce soit sur un tapis ou sur une table, le matériel doit toujours être bien disposé : les images posées correctement, toujours de la gauche vers la droite ; l'activité est présentée par l'adulte silencieusement et très calmement ; on propose à l'enfant de la continuer si on sent qu'il en a envie, mais on ne l'impose pas. Si l'enfant ne fait pas l'activité correctement, c'est qu'il n'est pas prêt, que cela ne l'intéresse pas, donc on la range en lui proposant autre chose et en lui disant qu'on la fera une autre fois.

À la fin de l'activité, le matériel doit toujours être rangé.

Si l'enfant choisit son activité car elle lui a déjà été présentée, il devra la faire jusqu'au bout et correctement. C'est essentiel et fait partie des limites que l'adulte doit fixer à l'enfant pour qu'il se construise sans stress.

Par ailleurs, il faut réserver sur une étagère un espace pour les activités de « culture », qui seront rangées par sujet : histoire (toutes les notions de temps), géographie et sciences. Ne pas mettre trop d'activités, les ranger sur un plateau ou dans un panier, et les changer régulièrement.

LA LEÇON EN TROIS TEMPS

Dans une majorité des activités de culture, l'enfant apprend du vocabulaire et, pour cela, l'adulte lui fait ce que l'on appelle une « **leçon en trois temps** ».

Cette leçon est la méthode que nous employons dans nos classes Montessori pour enseigner tout le vocabulaire, les lettres, les chiffres, les continents... Il est important de s'entraîner à la faire afin que la leçon devienne fluide.

Premier temps

Il s'agit de la présentation de la notion à enseigner avec le mot exact et l'association de la perception sensorielle avec ce nom.

L'adulte doit d'abord prononcer les noms et/ou les adjectifs nécessaires sans rien y ajouter. Il doit prononcer les mots très détachés les uns des autres d'une voix claire, de façon à ce que les sons qui composent le mot soient très distinctement perçus par l'enfant. Ainsi, par exemple, en montrant une partie de la fleur, on dit : « C'est le pétale, le pétale », puis « C'est la tige, la tige », puis « C'est le calice, le calice. »

Puisque cette leçon de nomenclature doit consister à provoquer l'association du nom avec l'objet ou avec l'idée abstraite que représente le nom, l'objet et le nom doivent uniquement servir à frapper la conscience de l'enfant : c'est pour cela qu'il est indispensable qu'aucun autre mot ne soit prononcé.

Deuxième temps

Il s'agit de la distinction de l'objet correspondant au mot. L'adulte doit toujours obtenir la preuve que sa leçon a atteint son but.

La première preuve sera de constater que le nom reste associé à l'objet dans la conscience de l'enfant. Il faut pour cela laisser s'écouler le temps nécessaire entre le premier et le deuxième temps de la leçon, et observer un temps de silence. Puis l'adulte demande à l'enfant lentement, et en prononçant très clairement le nom seul (ou l'adjectif) enseigné : « Montre-moi le pétale », « Montre-moi la corolle », et l'enfant désignera l'objet du doigt. Ainsi l'adulte sait si l'association a été enregistrée par l'enfant.

Ce second temps est le plus important ; c'est lui qui contient la véritable leçon, l'aide pour la mémoire et l'association. Quand l'adulte a constaté que l'enfant a compris et qu'il est intéressé, il répète plusieurs fois la question, mais éventuellement de façon différente : « Montre-moi le pétale », « Touche la corolle », etc.

En répétant plusieurs fois sa question, il insiste sur ce mot qui sera finalement enregistré. Et à chaque répétition, l'enfant qui répond en indiquant l'objet répète l'association qu'il est en train de fixer dans son cerveau. Si toutefois l'adulte s'aperçoit que l'enfant n'est pas disposé à faire attention, s'il se trompe sans faire l'effort de répondre correctement, au lieu de corriger et d'insister, il doit suspendre la leçon pour la recommencer à un autre moment ou un autre jour.

Troisième temps

Il s'agit pour l'enfant de se souvenir du nom correspondant à l'objet. C'est une vérification rapide des leçons faites précédemment. L'adulte demande à l'enfant (en isolant chaque partie du matériel, c'est-à-dire en ne montrant qu'un objet à la fois) : « Qu'est-ce que c'est ? », « Quelle est cette lettre ? », etc. Si l'enfant a bien enregistré le vocabulaire, il répond les mots attendus : « C'est le pétale », « C'est l'Europe », « C'est la patte antérieure », etc.

Pour finir, il est important de conclure la leçon par : « Aujourd'hui, nous avons appris "le pétale" », et l'adulte touche le pétale, « et "la corolle" », et il touche la corolle.

Si l'enfant a répondu correctement, on conclut en reposant les trois cartes ou les trois objets devant l'enfant, et on dit : « Aujourd'hui, tu as appris "le pétale" (on montre), "la corolle" (on montre) et "le calice" (on montre). »

Avant d'enseigner trois autres notions (un autre jour), on vérifie que l'enfant se rappelle des trois précédentes. S'il ne se souvient que de deux, on reprend celle qu'il n'a pas mémorisée et on y ajoute deux autres.

CONSEIL MALIN

On présente en général les objets, ou les cartes, ou les chiffres, ou les couleurs, etc., trois par trois. Pour un très jeune enfant ou un enfant qui a quelques difficultés (dyslexie, dyscalculie, difficultés d'apprentissage pour toute raison), on peut cependant faire des présentations avec deux objets.

Chapitre 11

Les activités

La ligne du temps de l'enfant

Âge : 2 ans

Matériel

- 1 large bande de papier
- des photos des événements marquants de la vie de l'enfant

Présentation

1. Mettre la bande de papier à l'horizontale et coller les photos des événements marquants de la vie de l'enfant dans l'ordre chronologique en notant à quel âge ils ont eu lieu et une petite légende (exemple : les anniversaires, la première fois qu'il a marché, appris à faire du vélo, l'arrivée d'un nouveau membre dans la fratrie, sa première rentrée à l'école, etc.).
2. Raconter la vie de l'enfant dans l'ordre et avec enthousiasme en insistant sur le fait que c'est un être unique et merveilleux.

La promenade de l'anniversaire

Âge : 2 ans

Matériel

- 1 bougie
- 1 globe
- 12 étiquettes sur lesquelles sont écrits les 12 mois de l'année à disposer en cercle autour de la bougie, et/ou un tapis circulaire avec les 4 saisons représentées sur lequel on placera la bougie

Présentation

1. Aller chercher la ligne du temps de l'enfant.
2. Inviter l'enfant à s'asseoir sur une chaise et expliquer que c'est un jour très spécial puisque c'est son anniversaire.
3. Inviter l'enfant à prendre le globe dans ses mains et allumer la bougie.
4. Expliquer que la bougie symbolise le soleil et que dans notre système solaire, toutes les planètes tournent autour du Soleil. Notre planète, la Terre, qui se trouve dans les mains de l'enfant, a besoin d'une année, soit 12 mois, pour faire le tour du Soleil.
5. Commencer à raconter « l'histoire de l'enfant » en montrant la photo de la naissance de l'enfant et dire : « Le *(donner date de naissance)*, un merveilleux enfant est né. »
6. S'il y a d'autres photos relatant des événements importants ayant eu lieu la première année de vie de l'enfant, les raconter.
7. Inviter l'enfant à marcher autour de la bougie, le Soleil, avec le globe dans les mains.

8. Lorsqu'il a fait un tour, taper une fois dans ses mains et expliquer qu'un an s'est écoulé.
9. Raconter les événements de la deuxième année et ainsi de suite jusqu'au jour actuel.
10. On peut alors présenter le gâteau, chanter *Joyeux Anniversaire* et inviter l'enfant à souffler ses bougies !
11. Pour les enfants plus âgés, l'enfant dont c'est l'anniversaire peut choisir un ami ou un membre de la fratrie pour porter la Lune. Pour représenter le cycle de la Lune, l'ami tourne autour de l'enfant une fois par mois nommé pendant que celui-ci marche autour de la bougie.

Espace art et travaux manuels

Âge : 2 ans

Prévoir un espace arts et travaux manuels pour permettre à l'enfant de dessiner ou de faire des travaux manuels ; on peut l'organiser avec un chevalet, un tableau avec un côté noir et un côté blanc, ainsi qu'une table recouverte d'une toile cirée et une chaise.

Les fournitures seront laissées en libre accès, sur des étagères, dans des boîtes séparées : crayons à encre lavable, feutres, craies, pastels, du papier, des petits morceaux de tissu et des articles de la maison pour faire du collage. On ne mettra pas tout le matériel en même temps.

Prévoir aussi un endroit où l'enfant trouvera des papiers blancs et de couleur.

Sur le chevalet, prévoir deux pinces à linge pour que l'enfant soit autonome pour installer sa feuille et la peindre.

Prévoir dans la chambre de l'enfant un espace où il pourra exposer ses travaux.

Eau, air et terre

VOIR P. 187

Âge : 2 ans ½

Matériel

- 3 petits flacons (dans l'un mettre de l'eau, dans l'autre de la terre et laisser le dernier vide)
- 4 figurines de véhicules allant dans l'eau, 4 allant sur la terre et 4 dans l'air

Présentation

1. Demander à l'enfant s'il sait ce qu'il y a dans chaque pot. S'il ne sait pas, le lui expliquer et éventuellement faire une leçon en trois temps.
2. Demander à l'enfant de trier les véhicules en colonnes selon les catégories.
3. Lui montrer la fiche autocorrective pour qu'il se corrige.

POUR ALLER PLUS LOIN…

Faire de même avec animaux qui vivent dans l'eau, sur la terre ou dans le ciel.

Vivant/non vivant

Les êtres humains, les animaux et les plantes sont des êtres vivants. Tous les êtres vivants passent par les mêmes 4 grandes étapes de la vie :

- ils naissent (la naissance) ;
- ils se développent (la croissance) ;
- ils se reproduisent (la reproduction) ;
- ils meurent (le mort).

Et 4 caractéristiques réunissent tous les êtres vivants :

- se développer (naître, grandir, mourir) ;
- se nourrir ;
- respirer ;
- se reproduire.

Les plantes sont aussi des êtres vivants, car elles respirent et se reproduisent en fabriquant des graines.

Il y a 3 grandes catégories d'êtres vivants :

- les êtres humains ;
- les végétaux ;
- les animaux.

Des questions à poser aux enfants :

- Est-ce que ça mange ?
- Est-ce que ça boit ?
- Est-ce que ça grandit ?
- Est-ce que ça se reproduit ?
- Est-ce que ça meurt ?

Si on répond « oui » à toutes ces questions, c'est quelque chose de vivant. Si on répond une fois « non », c'est quelque chose de non-vivant.

Matériel

- des photos de choses vivantes et non vivantes collées sur des cartes blanches (14 × 14 cm) les images peuvent représenter une tulipe, un nounours, une fille, un piano, un chien, une voiture, etc. (bien mettre autant d'images de chaque série)
- 2 cartes portant une petite photo symbole de « vivant » et « non vivant » ; sur une carte écrire « vivant » et sur l'autre carte écrire « non vivant », avec le symbole à côté qui sera également mis au dos des autres photos comme contrôle de l'erreur
- 1 tapis

Présentation

1. Placer en haut du tapis ou de la table les étiquettes « vivant » et « non vivant ».
2. Expliquer à l'enfant qu'un être vivant est un être qui se nourrit, grandit, se reproduit et meurt.
3. Montrer à l'enfant les étiquettes « vivant » et « non vivant ».
4. Prendre ensuite une autre carte avec la photo et faire en sorte qu'il réfléchisse en posant des questions : « Est-ce qu'il se nourrit ? », « Est-ce qu'il grandit ? », « Est-ce qu'il se reproduit ? », etc.
5. En fonction des réponses, lui demander « s'il pense que cette chose est vivante ou non vivante » et, en fonction de la réponse, mettre la carte sous la bonne étiquette.
6. Continuer ainsi avec le reste des cartes.
7. Retourner les cartes pour l'autocorrection.

Flotte/Coule

Âge : 3 ans

Matériel

- 1 plateau
- 1 petit saladier transparent
- 1 pichet transparent
- 1 éponge
- 1 petite serviette
- 1 seau
- 1 corbeille contenant 1 cheville, 1 gomme, 1 bougie, 1 petit vase, 1 vis, 1 crochet en bois, 1 clé, 1 pince à linge, 1 pièce de monnaie, 1 morceau de pâte à fixer

Présentation

1. Aller chercher le matériel sur l'étagère avec l'enfant et le poser sur la table.
2. Inviter l'enfant à remplir le pichet.
3. Mettre le pichet et le saladier sur la table.
4. Inviter l'enfant à verser l'eau dans le saladier.
5. Prendre la corbeille et sortir tous les objets sur la table en les posant les uns à côté des autres et en les nommant.
6. Dire : « Nous allons regarder les objets qui coulent et qui flottent. »
7. Mettre la bougie dans le saladier rempli d'eau et observer : elle flotte.
8. Inviter l'enfant à mettre la gomme dans le plat et observer : elle coule.
9. Faire de même pour chaque objet.
10. Sortir tous les objets de l'eau et inviter l'enfant à placer d'un côté ceux qui coulent et de l'autre ceux qui flottent (les essuyer avec l'éponge).

11. Dire : « Ici, nous avons les objets qui coulent et ici les objets qui flottent. »
12. Ranger les objets dans la corbeille après les avoir essuyés et verser l'eau dans le seau.

La direction du nord

Âge : 3 ans

Matériel

- 1 plateau
- 1 plat transparent
- 1 pichet transparent
- 1 boussole
- 1 coupelle contenant un morceau de papier piqué d'une aiguille (frotter le bout de l'aiguille avec un aimant auparavant)
- 1 éponge
- 1 petite serviette
- 1 seau

Présentation

1. Aller chercher le matériel sur l'étagère avec l'enfant et le poser sur la table.
2. Inviter l'enfant à remplir le pichet d'eau.
3. Poser le pichet et le plat sur la table.
4. Inviter l'enfant à verser toute l'eau dans le plat.
5. Prendre la boussole et demander à l'enfant s'il sait ce que c'est.
6. Dire : « C'est une boussole, tu vois, l'aiguille indique le nord. »
7. Prendre le morceau de papier sur lequel se trouve l'aiguille et le mettre dans l'eau.

8. Observer.
9. L'aiguille se déplace et s'oriente vers le nord.
10. Dire : « Tu vois, l'aiguille s'oriente dans la même direction que la boussole. »
11. Inviter l'enfant à le faire.
12. Une fois l'expérience terminée, verser l'eau dans le seau et essuyer la table avec l'éponge.
13. Aller ranger le matériel sur l'étagère.

Le cycle de l'eau

Âge : 3 ans

Matériel

- 1 bocal assez grand qui pourra être fermé hermétiquement par un couvercle
- du gravier et de la terre qui seront installés au fond de ce bocal
- 1 plante miniature
- 1 petite coupelle avec de l'eau

Présentation

1. Inviter l'enfant à installer avec l'adulte le gravier au fond du bocal et par-dessus la terre. Planter très délicatement la plante miniature.
2. Mettre de l'eau dans la coupelle et la déposer à côté de la plante.
3. Fermer bien hermétiquement le bocal avec un couvercle.
4. Mettre le bocal bien au soleil.
5. Inviter l'enfant à observer régulièrement ce qui se passe : l'eau de la coupelle s'évapore grâce au

soleil, on peut voir les gouttelettes sur la face intérieure du couvercle. Puis ces gouttes retombent sur la plante et lui permettent d'être arrosée, de vivre et même de pousser. C'est le cycle de l'eau.

Formes de terre et d'eau

Âge : 3 ans

Matériel

- des modèles fabriqués de formes de terre et d'eau : île/lac ; golfe/péninsule ; cap/baie ; isthme/détroit
- 1 petit pichet d'eau (colorée en bleu avec un colorant alimentaire si l'on veut)
- 1 petit bateau
- 1 petite éponge
- 1 seau

Présentation

1. Inviter l'enfant à apporter sur une table une paire de formes contrastées et lui proposer de verser l'eau dans chacun des modèles.
2. Faire une leçon en trois temps pour apprendre le nom des formes.
3. Proposer à l'enfant de faire naviguer le petit bateau dans l'eau dans les différentes formes.
4. Parler avec l'enfant de ces formes et lui en montrer sur un atlas ou une carte du monde.
5. Vider l'eau dans un seau.
6. Dire à l'enfant que l'on étudiera les autres formes une autre fois s'il le désire.

Aimant

Âge : 3 ans

1re expérience

Matériel

- 1 plateau
- 1 aimant
- 1 boîte contenant 1 dé à coudre, 1 pince à linge, 1 clé, des petites pièces de monnaie, 1 crochet en bois, 1 clou, 1 trombone, 1 bouchon en liège

Présentation

1. Aller chercher le matériel sur l'étagère avec l'enfant et le poser sur la table.
2. Sortir tout le matériel sur la table en le nommant.
3. Sortir l'aimant et le nommer.
4. Poser les objets les uns à côté des autres.
5. Dire : « Nous allons observer si les objets sont attirés par l'aimant. »
6. Prendre l'aimant et l'approcher de chaque objet.
7. Inviter l'enfant à le faire.
8. Inviter l'enfant à placer les objets attirés par l'aimant d'un côté et de l'autre ceux qui ne le sont pas.
9. Aller ranger le matériel sur l'étagère.

2e expérience

Matériel

- 1 plateau
- 1 petite coupelle avec un aimant

- 2 coupelles identiques dont une avec du sable fin blanc et l'autre de la limaille de fer

Présentation

1. Aller chercher le matériel sur l'étagère avec l'enfant et le poser sur la table.
2. Sortir les 2 coupelles sur la table et présenter le contenu.
3. Verser la limaille de fer dans la coupelle contenant du sable.
4. Prendre l'aimant et le mettre au-dessus de la coupelle.
5. Observer.
6. La limaille de fer est attirée sur l'aimant.
7. La déposer dans la coupelle vide en s'aidant de ses doigts.
8. Faire cette manipulation jusqu'à ce qu'il n'y ait plus de limaille de fer dans le sable.
9. Inviter l'enfant à le faire.
10. Aller ranger le matériel sur l'étagère.

La table de nature

Âge : 3 ans

Matériel

- 1 petite table sur laquelle seront installés des éléments de la nature que l'enfant aura ramassés lors de promenades ou que vous aurez installés en fonction de la saison : des fleurs, des feuilles, des coquillages, des pommes de pin, des écorces d'arbre, un nid abandonné, des plumes, des glands, des noisettes, de la laine d'un mouton, etc., mais aussi des

cartes de cycle de vie d'animaux ou de plantes qui seront changées en fonction des saisons
- 1 loupe
- 1 chaise
- des étiquettes sur lesquelles on aura écrit le nom de tout ce qui se trouve sur la table même si l'enfant ne sait pas lire ; il comprendra ainsi que tout a un nom spécifique

CONSEIL MALIN

Attention : ne mettre sur la table que des éléments qui coïncident avec la saison et ce qui se trouve dans la nature. Les changer régulièrement. Grâce à ces éléments, l'enfant pourra se rendre compte de ce qui arrive au fur et à mesure des saisons : les noisettes et les glands en automne, le houx et d'autres baies en hiver, des jonquilles au printemps, du blé en été, etc.

Présentation

1. Inviter l'enfant à venir observer certains objets sur la table. Donner des informations simples sur chacun et montrer à l'enfant comment tenir soigneusement tout ce qui se trouve sur cette table.
2. Lui montrer comment on observe les détails avec la loupe.
3. Faire une leçon en trois temps pour le vocabulaire.
4. Poser les étiquettes devant chaque objet.
5. Changer le matériel très régulièrement.

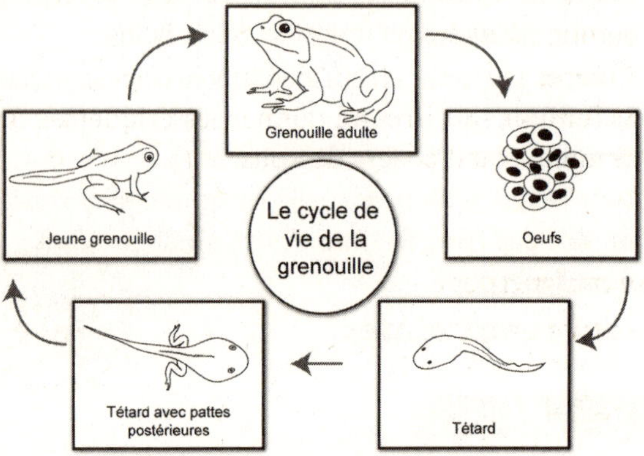

Le cycle de vie de la grenouille

Collection d'animaux

Âge : 3 ans

Matériel

- 1 panier contenant plusieurs animaux du monde (prévoir des animaux typiques de chaque continent et faire attention à l'échelle)
- des étiquettes avec le nom des animaux (liseré de la couleur du continent)
- 1 planisphère du monde avec les continents aux bonnes couleurs (en puzzle si possible)

Présentation

1. Prendre un animal et donner quelques explications sur cet animal en disant à l'enfant de quel continent il vient. Faire de même avec tous les animaux.

2. Proposer à l'enfant de prendre chaque continent du planisphère.
3. Placer chaque animal sous le continent correspondant.
4. Si l'enfant sait lire, lui donner les étiquettes des animaux, qu'il posera dessous.

Les animaux et leurs empreintes

Âge : 3 ans

Matériel

- préparer 12 photographies : 6 avec les animaux en entier et 6 avec leurs empreintes (bien mettre l'autocorrection, soit en prenant une photo de l'exercice bien fait, soit en mettant des gommettes de couleur identique au dos des paires qui s'assemblent)
- 1 tapis

Préparation

1. Poser toutes les photos sur la table (ou le tapis) en ligne horizontale de la gauche vers la droite.
2. Trier d'un côté les photos des animaux et de l'autre les photos de leurs empreintes.
3. Prendre la photo d'un animal.
4. La poser en haut de la table ou du tapis.
5. Prendre la photo de l'empreinte correspondante et la poser à sa droite.
6. Prendre une photo d'un autre animal, la poser en dessous de la précédente, puis prendre la photo de l'empreinte correspondante et la poser à la droite en dessous de l'empreinte précédente.

7. Proposer à l'enfant de continuer.
8. À la fin de l'activité, retourner les images pour l'autocorrection.

Les animaux et leurs yeux

Âge : 3 ans

Matériel

- préparer 12 photographies : 6 avec les animaux en entier, 6 avec leurs yeux (bien mettre l'autocorrection, soit en faisant une photo de l'exercice bien fait, soit en mettant des gommettes de couleur identique au dos des paires qui s'assemblent)
- 1 tapis

Préparation

1. Poser toutes les photos sur la table (ou le tapis) en ligne horizontale de la gauche vers la droite.
2. Trier d'un côté toutes les photos des animaux et de l'autre les photos de leurs yeux.
3. Prendre une photographie d'un animal.
4. La poser en haut de la table ou du tapis.
5. Prendre la photo des yeux correspondante et la poser à sa droite.
6. Prendre une photo d'un autre animal, la poser en dessous de la précédente, puis prendre la photo des yeux correspondante et la poser à la droite en dessous des yeux précédente.
7. Proposer à l'enfant de continuer.
8. À la fin de l'activité, retourner les images pour l'autocorrection.

Les animaux et leur pelage

Âge : 3 ans

Matériel

- préparer 12 photographies : 6 avec les animaux en entier, 6 avec leurs pelages (bien mettre l'autocorrection, soit en faisant une photo de l'exercice bien fait, soit en mettant des gommettes de couleur identique au dos des paires qui s'assemblent)
- 1 tapis

Préparation

1. Poser toutes les photos sur la table (ou le tapis) en ligne horizontale de la gauche vers la droite.
2. Trier d'un côté toutes les photos des animaux et de l'autre les photos de leurs pelages.
3. Prendre une photographie d'un animal.
4. La poser en haut de la table ou du tapis.
5. Prendre la photo du pelage correspondante et la poser à sa droite.
6. Prendre une photo d'un autre animal la poser en dessous de la précédente, puis prendre la photo du pelage correspondante et la poser à la droite en dessous du pelage précédent.
7. Proposer à l'enfant de continuer.
8. À la fin de l'activité, retourner les images pour l'autocorrection.

La ligne du temps de la semaine de l'enfant

Âge : 3 ans

Matériel

- faire 1 frise des 7 jours de la semaine, avec pour chaque journée une illustration de ce que l'enfant fait spécifiquement ce jour-là (écrire le nom des jours en haut de chaque image)
- 1 série d'images identiques aux illustrations de la frise mais individuelles

Présentation

1. Inviter l'enfant à s'installer sur un tapis et à déplier la frise des jours de la semaine.
2. Faire une leçon en trois temps sur les jours de la semaine en montrant bien chaque jour sur la frise illustrée.
3. Proposer à l'enfant de déposer les images individuelles sous chaque image de la frise afin qu'il se souvienne bien de l'ordre des journées.
4. Proposer à l'enfant de retourner la frise.
5. Lui demander de remettre les jours dans l'ordre.
6. Vérifier avec la frise.

La ligne du temps de la journée de l'enfant

Âge : 3 ans

Matériel

- faire 1 frise avec des images des événements de la journée type de l'enfant : au lever, le petit déjeuner,

aller à l'école, déjeuner à l'école, être à l'école, rentrer à la maison, jouer, dîner, se brosser les dents, se coucher (sur chaque image, on voit un seul événement et, en haut de l'image, centrée, une pendule indiquant l'heure de l'activité)
- 1 jeu des mêmes images individuelles que la frise
- 1 tapis

Présentation

1. Inviter l'enfant à s'installer sur un tapis et déplier la frise.
2. Discuter avec lui de ce qu'il voit sur les images.
3. Bien lui montrer les horloges.
4. Inviter l'enfant à commenter ce qui se passe sur les images.
5. Proposer à l'enfant de faire une mise en paires des images individuelles sous celles de la frise.
6. Plus tard, inviter l'enfant à retourner la frise de manière à ne plus la voir, puis à déposer les images dans le bon ordre des événements de la journée.
7. Proposer à l'enfant de retourner la frise pour le contrôle de l'erreur.

Le calendrier de la météo

Âge : 3 ans

Matériel

- 1 calendrier sur lequel sont indiquées les dates
- faire des cartes sur lesquelles se trouveront les symboles de la météo tels qu'on les trouve dans les journaux : nuage, pluie, soleil, brouillard, neige, vent, etc.

Présentation

1. Prendre les cartes avec les symboles de la météo et les présenter à l'enfant en donnant des explications.
2. Faire une leçon en trois temps pour le vocabulaire.
3. Prendre le calendrier des jours.
4. Chaque jour, demander à l'enfant de poser en dessous le symbole en fonction du temps qu'il observe à l'extérieur.
5. Quand l'enfant est plus grand, on peut lui demander d'écrire aussi la température qu'il sera allé observer sur le thermomètre.
6. Il pourra aussi y noter le type de nuages et la direction du vent.

Les saisons

Âge : 3 ans

Matériel

- 1 frise avec les quatre saisons aux couleurs suivantes : blanc pour l'hiver, vert clair pour le printemps, jaune pour l'été, marron pour l'automne (en haut de chaque feuille, écrire le nom de la saison ; sur chaque feuille, coller la photo du même endroit de la nature aux 4 saisons, par exemple un arbre ou un paysage que l'enfant connaît bien)
- 4 grandes images individuelles sur lesquelles l'enfant retrouvera les mêmes images que sur la frise
- 1 tapis

Présentation

1. Proposer à l'enfant de venir s'installer sur le tapis avec la frise des saisons.
2. Commenter la frise avec l'enfant selon les images qui s'y trouvent.
3. Faire une leçon en trois temps pour enseigner le nom des saisons.
4. Inviter l'enfant à poser les images individuelles des saisons sous les images correspondantes de la frise.
5. Retourner la frise et proposer à l'enfant de faire la même chose.
6. Puis lui proposer de retourner la frise pour le contrôle de l'erreur.

Frise des 12 mois de l'année

Âge : 3 ans

Matériel

- 1 frise des 12 mois de l'année sur laquelle chaque mois est illustré par un événement particulier marquant le mois en question (en haut de chaque image des 12 mois, indiquer le nom du mois ; l'idéal est de fabriquer cette frise avec les couleurs des saisons : hiver/blanc, printemps/vert clair, été/jaune, automne/marron ; pour les mois où il y a un changement de saison, mettre 2 morceaux de feuille des couleurs représentant chaque saison, par exemple en mars, la moitié sera blanche et l'autre verte)
- 12 grandes images individuelles sur lesquelles l'enfant retrouvera les mêmes images que sur la frise
- 1 tapis

Présentation

1. Inviter l'enfant à s'installer sur un tapis et à dérouler la frise.
2. Faire une leçon en trois temps pour lui enseigner le nom des mois.
3. Commenter la frise avec l'enfant.
4. Proposer à l'enfant de faire une mise en paires des images individuelles avec la frise.
5. Lui proposer de retourner la frise et de recommencer.
6. Lui proposer de retourner la frise pour le contrôle de l'erreur.

Événement du présent et du passé

Matériel

- sur une feuille coupée en deux verticalement, écrire au-dessus de la partie de droite « présent » et au-dessus de la partie de gauche « passé »
- découper avec l'enfant des événements qui l'ont marqué : une fête de famille, une visite, un repas dans un restaurant, etc.

Présentation

1. Prendre la feuille et les photos des événements.
2. Demander à l'enfant de commenter les événements et les poser sur la partie « présent » pendant qu'il les raconte.

3. Quelques jours plus tard, reprendre les images et dire à l'enfant que l'événement est arrivé il y a plusieurs jours. Donc les transférer dans la partie « passé ».

Les drapeaux et leurs parties

Âge : 3 ans

Matériel

- des cartes de nomenclature : un ensemble de cartes en double des drapeaux nationaux des pays répartis par continents (faire un liseré de la couleur du continent) ; 1 carte avec le nom du pays ; 1 carte sans le nom + l'étiquette du nom du pays
- des drapeaux à colorier

Présentation

C'est un exercice d'associations visuelles de cartes de nomenclature (voir le paragraphe sur les cartes de nomenclature).

1. Rappeler à l'enfant comment on utilise les cartes de nomenclature.
2. Faire une leçon en trois temps pour l'apprentissage des drapeaux et raconter une courte histoire sur chaque pays.
3. Proposer à l'enfant de travailler avec les autres cartes des drapeaux.
4. Si l'enfant sait lire, lui proposer de mettre les étiquettes des noms des pays.
5. Proposer à l'enfant de colorier certains drapeaux sur les fiches prévues à cet effet.

Chapitre 12

Motricité

Topponcino

Âge :
Dès la naissance

Le topponcino un petit matelas très souple en coton, dont on peut facilement changer la housse. Sa forme est ovale. On l'utilise pour soutenir le nouveau-né. Sa tête est ainsi parfaitement maintenue, car le bébé est bien lové quand on le prend dans ses bras. C'est très sécuritaire pour la maman et le bébé, ou pour toute autre personne le prenant dans ses bras. Cela permet de laisser le bébé au contact du topponcino en permanence, quel que soit l'endroit où il se trouve, et de conserver la température et des odeurs connues.

Grâce au topponcino, lorsque le bébé passe par exemple des bras au lit une fois endormi, il ne se réveille pas.

Tapis d'éveil

Âge : Dès la naissance

Matériel

- 1 tapis d'environ 1,20 × 1, 20 m fait de carrés de différentes matières : rugueux, lisse, glissant, satiné, etc.

On peut utiliser des carrés de différents types de tissu : coton, microfibre, simili cuir, velours, etc. et avec différents types de motifs également, mais toujours harmonieux. Le tapis peut aussi avoir des petits rubans, un grelot, etc., des petites choses à attraper mais pas dangereuses pour l'enfant.

Présentation

1. Installer le tapis d'éveil dans le coin « jeux » de l'enfant. L'idéal est d'accrocher un miroir avec une barre le long d'un des côtés du tapis ainsi qu'une étagère basse sur laquelle seront installés des paniers avec des hochets, des balles, etc., et quelques livres.
2. Il est possible aussi d'y installer un portique en bois pour que le bébé développe sa motricité fine.
3. Poser le bébé sur le tapis d'éveil le plus souvent possible, pieds nus si possible pour qu'il puisse toucher également les différentes textures avec ses pieds et prendre conscience de son schéma corporel.
4. Rester bien sûr non loin de lui pour l'observer.
5. Peu à peu, le bébé va apprendre à rouler sur lui-même et pourra ainsi se rendre vers ses jouets pour les attraper ou vers le miroir pour se regarder, observer la

pièce dans laquelle il est installé et ensuite attraper la barre horizontale pour se mettre debout.

Portique

Âge : Dès la naissance

Le portique en bois est un élément essentiel de l'environnement du bébé dans le Nido ou dans la maison. Celui-ci est conçu pour y accrocher les éléments que l'on souhaite, à la hauteur que l'on souhaite. Le bébé est posé en dessous du portique sur un tapis moelleux ou une peau de mouton toute douce.

Attention à ce que les objets soient sûrs, fabriqués de composants non nocifs, dans des matériaux nobles (pas trop de plastique) et respectueux de l'environnement.

C'est une bonne stimulation pour les muscles du bébé, l'éveil de son intelligence (comprendre la causalité), sa coordination main/œil, etc.

Le bébé sera heureux d'y passer un petit moment, mais il doit sentir une présence à proximité, aussi il ne faut pas l'abandonner, au risque qu'il fasse rapidement le raccourci entre le portique et l'abandon.

Le portique doit être bien stable, car l'enfant a beaucoup de force.

Il est intéressant de changer régulièrement les objets (anneaux en bois, pompons en laine, balle en caoutchouc, coquillage, etc.) qui y sont suspendus.

Ces objets seront en noir et blanc au départ, puis on introduira les trois couleurs primaires, et enfin toutes les couleurs seront possibles.

Miroir et barre

Âge : Dès la naissance

Il s'agit là d'un matériel d'éveil essentiel dans la pédagogie Montessori, ainsi que dans la psychologie de l'enfant.

Le miroir doit être rectangulaire, le plus simple possible, et il sera posé le long du matelas d'éveil dans la maison ou dans la crèche. Ainsi seront renvoyées les formes et les couleurs.

Il sera installé au niveau du sol, dans le sens de la longueur, et délimitera un côté de l'espace d'éveil du bébé. Attention à la sécurité du bébé liée à cet objet. Le fixer bien solidement et ne pas mettre d'objets lourds susceptibles de tomber sur le miroir à proximité.

Ce miroir est très important : lorsque le bébé se retourne seul sur le ventre, il peut redresser sa tête et voir son image dans le miroir. Il peut aussi ramper tout près, jusqu'à le toucher de son front, lécher sa propre image et sentir le froid.

Le miroir ne stimule pas seulement la vision, il permet aussi au bébé de prendre conscience des mouvements du monde extérieur et des membres de sa famille.

Au fur et à mesure que sa vue progresse, son champ de vision s'élargit et sa compréhension aussi.

À la crèche, il peut découvrir les autres bébés dans la glace et leur faire des sourires.

Il va aussi essayer de toucher son image renvoyée par le miroir et voir pour la première fois ses émotions.

Il peut aussi, grâce au miroir, avoir une vision de ce qui se passe derrière lui et ainsi ne pas être surpris par l'arrivée silencieuse d'un adulte ou d'un bruit de l'environnement dont il n'aurait aucune autre information qu'auditive.

Le miroir reflète aussi la lumière, donc en ajoute dans l'espace d'éveil du bébé. Attention aux rayons du soleil qui peuvent éblouir le bébé.

Il est également important d'ajouter une barre d'appui devant le miroir. Elle va permettre au bébé de développer les muscles de ses bras, son équilibre et, peu à peu, il va s'exercer à la position verticale. Comme l'enfant se laissera tomber au début, un tapis bien épais devra être posé sous la barre.

Le bébé pourra ainsi voir la totalité de ses mouvements qui lui permettent de passer de la station horizontale à la station verticale. À ce moment-là, le miroir doit être très large et aussi haut que le bébé.

Petit à petit, le bébé va pouvoir comprendre que celui qu'il voit dans le miroir est lui-même.

Quand le bébé pourra s'asseoir seul, on pourra lui donner des petits miroirs sécurisés lui renvoyant une image d'une partie de lui-même.

Dans l'environnement de la crèche ou de la classe, il est important de prévoir des miroirs permettant aux enfants de se voir horizontalement ; et à la maison, il ne faut pas oublier le miroir près du lavabo pour que l'enfant puisse se nettoyer le visage ou les dents.

Chariot

Âge : Dès 10 mois

Le chariot à pousser est un objet qui doit être très stable, plus lourd que l'enfant, car il ne doit pas basculer sous son poids. Il permet à l'enfant non marcheur d'avancer grâce à son soutien. Psychologiquement aussi, cet objet soutiendra l'enfant dans ses efforts, sa persévérance et sa joie à grandir et accéder à la position verticale.

Il faut bien choisir cet objet selon ces critères d'objectifs à soutenir le développement moteur de l'enfant non marcheur.

L'enfant prendra plaisir à mettre ses jouets dedans et à le promener avec lui.

CONCLUSION

Les activités que nous vous avons proposées prouvent qu'il est tout à fait possible de mettre en place la pédagogie Montessori à la maison.

Âge : 3 ans

Il est néanmoins important de ne pas le faire n'importe comment et de respecter absolument les présentations telles qu'elles sont expliquées. En effet, la pédagogie Montessori est une pédagogie scientifique qui a été établie par Maria Montessori en tant que médecin.

Elle a donc observé les enfants et, en fonction d'eux, a élaboré sa méthode et la façon de présenter le matériel aux enfants. **Chaque posture, chaque geste, a donc une raison d'être et poursuit des buts directs, mais aussi indirects,** essentiels au bon développement de l'enfant et à son bien-être.

Par exemple, le fait de proposer des présentations de la gauche vers la droite a comme objectif indirect une préparation de l'enfant à la lecture et à l'écriture. Ainsi, l'enfant enregistre inconsciemment ce sens et n'écrira pas dans le mauvais sens.

Bien sûr, pour les enfants qui apprennent en arabe, par exemple, il sera important de tout faire de la droite vers la gauche.

Le geste de la « pince », c'est-à-dire prendre tout objet avec le pouce, l'index et le majeur, est également une préparation indirecte à l'écriture ; l'enfant qui aura effectué de nombreux exercices en tenant ainsi les éléments tiendra automatiquement bien son crayon.

Le fait d'exiger de l'enfant qu'il effectue son activité jusqu'au bout est primordial pour qu'il apprenne que dans la vie, on termine ce que l'on a commencé avant d'entamer autre chose. L'adulte doit donc toujours proposer à l'enfant une activité adaptée et qu'il pourra terminer.

On se rend finalement compte que toutes ces activités donnent des fondations solides à l'enfant pour son avenir et lui rendront les apprentissages futurs beaucoup plus faciles.

De plus, elles permettent le développement de l'autonomie, de la confiance en soi, de l'indépendance, de la concentration, des valeurs fondamentales pour l'enfant et l'homme de demain.

Il ne faut pas oublier que la pédagogie Montessori n'est pas qu'une simple pédagogie, mais bien une philosophie de vie. Et, de fait, rien ne sert de mettre en place toutes ces activités si les adultes n'adoptent pas la posture montessorienne. Maria Montessori considérait que l'éducation était le seul moyen d'instaurer la paix dans le monde, et nous devons toujours avoir cela à l'esprit dans notre comportement de transmission vis-à-vis de l'enfant.

Les activités de culture notamment sont vraiment importantes pour que l'enfant apprenne à bien connaître le monde dans lequel il vit, les autres, leur façon de vivre, leur culture. Cela afin de comprendre l'autre, de mieux le respecter et ainsi de ne pas avoir de réaction de rejet vis-à-vis de celui qui vit différemment.

À travers de nombreuses activités, il est important que l'enfant prenne conscience du fait que la nature, l'art, et beaucoup de choses de notre monde, sont beaux et qu'il a un rôle essentiel à jouer sur cette Terre afin de préserver cette beauté et cette harmonie.

La préparation, la mise en place et la présentation de toutes ces activités montreront aussi à votre enfant que vous accordez beaucoup d'importance à lui apporter le meilleur pour son épanouissement, au fur et à mesure de son développement.

Par ailleurs, effectuer toutes ces activités ensemble est un véritable plaisir pour l'enfant, mais aussi pour l'adulte, qui porte alors un autre regard sur son petit. En effet, le fait de l'observer pour savoir ce qu'il y a de mieux pour lui permet à l'adulte de le découvrir d'une autre façon.

L'observation et les actions sont alors totalement tournées vers la préparation d'un meilleur environnement pour répondre aux besoins profonds de construction de l'enfant. Se développe alors un sentiment de confiance de l'enfant envers l'adulte qui s'occupe de lui, ce qui crée une très belle relation qui perdurera lorsque l'enfant grandira.

Le développement du langage lié à toutes ces activités permet également de tisser une bonne communication entre l'enfant et l'adulte, ce qui est fondamental pour de bonnes relations. En employant un vocabulaire juste, l'enfant se sent mieux compris et comprend mieux ce qui lui est dit.

Il est essentiel aussi d'être très attentif à la réaction de l'enfant par rapport à la façon dont il fait l'activité présentée. L'attitude et les mots ont des conséquences très importantes : montrer que partager ces moments est un véritable plaisir pour l'adulte, que l'enfant a le temps. Il faut avoir des mots toujours positifs, pas de jugement, pas de « non, tu t'es trompé », pas de soupirs de découragement ou de lassitude parce que l'enfant n'y arrive pas ou ne fait pas correctement. Si l'enfant n'y arrive pas, c'est que le choix de l'activité n'est pas adapté et il faut simplement la remettre à plus tard. Si l'enfant ne fait pas l'activité comme il faut, peut-être s'en est-il lassé ?

L'adulte doit par ailleurs toujours être prêt à se remettre en question. Ainsi, lui aussi évoluera dans sa façon d'être, de penser et de devenir meilleur.

Ayons toujours à l'esprit cette phrase de Maria Montessori dans *L'Enfant* (Desclée de Brouwer, 2006) : « *L'enfant est le constructeur de l'adulte. C'est sur l'enfant que tomberont et se sculpteront toutes nos erreurs et c'est lui qui en portera les fruits indélébiles dans sa vie d'homme mûr. Toucher à l'enfant c'est toucher au point le plus sensible d'un tout qui a ses racines dans le passé et se dirige vers l'infini, un point où tout peut encore se rénover. Travailler pour l'enfant, dans l'intention prodigieuse de le sauver, équivaudrait à conquérir le secret de l'humanité.* »

ANNEXES

INDEX DES ACTIVITÉS PAR TRANCHES D'ÂGE

0-2 ans

B-C-D

I-J

L

M

P

R-S-T

2-4 ans

A-B

C

D-E

F

T

U-V

TABLE DES MATIÈRES

Découvrez des contenus exclusifs avec l'application Marque-Page !

Comment utiliser l'application Marque-Page ?

1. Télécharger l'application*

sur TÉLÉCHARGER DANS l'App Store ou DISPONIBLE SUR Google Play

2. Ouvrir l'application

3. Scanner la/les page(s) où le logo apparaît

** Hélas, l'application Marque-Page ne fonctionne pas avec* Windows Phone

Sans l'application Marque-page, vous pouvez également accéder aux contenus directement via le lien suivant : http://quotidienmalin.com/montessori

Cinq vidéos pour apprendre à présenter les activités Montessori à l'enfant, et comprendre comment elles se déroulent.

Des mêmes auteures aux éditions Leduc.s :

Format : 21 × 25,1 cm
Pages : 192
Prix : 17 euros

Format : 21 × 25,1 cm
Pages : 160
Prix : 16 euros

Format : 22 × 22 cm
Pages : 112
Prix : 19,90 euros

Achevé d'imprimer en décembre 2019
par Novoprint
Dépôt légal : janvier 2020
Imprimé en Espagne